PART 4 美國社會小觀察

PART 5
美式教養現場直擊

PART 1

關於美國人

定的時間之內，大家全都得乖乖坐好聽你講，像是這個東西從哪裡來？它是做什麼用的？你為什麼喜歡它？發表結束後，同學們會舉手發問，此時主講人可以享受權力的快感，決定誰可以發言、誰不可以，並在回答提問時憑藉個人本事，擁有再次長時間霸占主席臺的機會。

隨著孩子年齡增長，show and tell 展演的內容就進階為學術性的主題，例如科學專題發表，談月亮繞地球、談恐龍變化石、談樹葉的春夏秋冬、談海洋的潮起潮落，當然也可以擴及歷史、地理、文學等各種討論。學習知識的同時也練習說故事的技巧，打磨當巨星的姿態，培養無論是被討厭還是被喜歡的勇氣，間接成就雄霸全世界的說話王者。

再者，美國人無論年紀多小，都被當成一個獨立的個體對待，都能獲得和大人同樣等級的尊重。像是去小兒科看病或去圖書館借童書這種以孩子為主體的場合，對談的主要發言人往往是孩童自己，而不是與會家長。他們認為「孩子可以自己說」，當醫生詢問孩子今天哪裡不舒服，孩子會主動形容今天的身體狀況；到了圖書館，有任何閱讀方面的疑問，都由孩子自己和圖書館員討論。媽媽往往是一旁默默等待、輕輕補充的配角而已，絕非一登場就氣勢非凡地主導整個對話、處理所有來往訊息，讓孩子安靜地在旁邊束手就擒。正因西方文化未曾提供孩子這種茶來伸手、有問題媽媽會回答的便利，他們從小就習慣沒有代言人，自行處理社交需求，從料理自己的生活資訊開始，自然而然地天天練習，久而久之得以游刃有餘。

源源不絕的讚美與充分的談話練習之外，杜絕扭捏，美國文化更是從小就提供了人們願意說話的安全感。這意思是說，美國人從不宣導說話會帶來危險，不會對孩子說「不要跟陌生人對話」，也不會說「小孩子有耳無嘴」，更不會說「不要問，很可怕」。相反的，他們往往會說「和陌生人有禮貌對答，對話無害，但是世界上有許多壞人，要保護自己」；他們也會說「小孩子要多質疑，解答心中的疑惑是好事」；他們更會說「我欣賞你發言的勇氣」。在美國人的腦海裡，發言與人身危險、以下犯上、負面態度並沒有相關連結，不認為自己會因為發言而惹上麻煩，這也是他們為什麼願意說、輕鬆說、說得好的原因之一。

在人生的漫漫長路上，我必須說，舌燦蓮花真的是至高無上的實用技能。當在亞洲學習與成長的我們，被告知要少說空話、多琢磨困難學科的同時，老美拚了命訓練他們的下一代伶牙俐齒、能說會道，用動人的口才擴展人生的疆界，說出一片天。在這個新時代裡，我們是否也可以嘗試新的教育方式，讓台灣的孩子有耳也有嘴，給予他們一個能夠安心說話的環境，還給他們自主發言、自理社交的機會，從日日詢問「今天在學校發生什麼有趣的事呢？」開始，天天在家練習 show and tell。期待在不久的將來，闊別永遠的埋頭苦幹、悶不吭聲，我們也能誕生優秀的台灣吵架王、東方神起，在國際領域上訴說屬於我們的故事。

不怎麼漂亮的美國人

我們家在波特蘭最喜歡去的一區叫做「諾布山」，那是個高級住宅區，裡頭大多是歷史悠久的獨門獨戶維多利亞式住宅，景致優美，氣氛迷人，附近還有許多高樓層的高級公寓，因此選擇居住此地的退休爺奶也不少。

緊挨著住宅區，諾布山的商業活動聚集在一條小小的二十三街上，鬱鬱森森的街道兩旁，整排風情萬種的餐廳和文青特色的小店吸引了大量人潮。

令人眷戀的不只街道和房屋，更因為二十三街總是坐滿了美麗的人，無時無刻都是場流動的視覺饗宴。有將整頭銀色白髮梳成空姐髮髻的貴婦奶奶，深藍色上衣搭配純白色長褲，延續賈桂琳．甘迺迪的招牌穿搭，休閒之中表現出美式上流社會的風采；也有年輕俏麗的女大生，馬尾、瀏海加上鮮豔紅唇，活脫是歌手泰勒絲的波特蘭復刻版；更常見的是各種商業氣息濃厚的三十世代男性，乾淨俐落的髮型，襯衫袖子亂七八糟地捲在手肘上，搭配在 iPhone 上飛速移動的手指，即便嘴裡說的不是「show me the money」，亦充分地、非常地湯姆．克魯斯。

二十三街還有很多下了班的湯姆．克魯斯，美國男生下班後的打扮其實相當千篇一律，黑、白、藍、灰的素色上衣配牛仔褲，或各種各樣的運動服飾，差不多就這些組合，簡單休閒，有點無聊。奇妙的是，不知道是因為美國人高大、肩膀寬，還是怎麼樣，簡簡單單卻好時髦、好好萊塢明星。我猜這不知道打哪來的好看，就是美式時尚的魅力。

我個人早期對美國人穿著的印象，全部來自美國高中校園片。金髮啦啦隊的女主角手裡挽著同是金髮的球隊隊長，女生可能是小短裙配上逆天長腿，壯碩男生則穿著美式校隊經典運動服，鮮明的深藍色上面是更鮮明的亮黃色大字，寫著「史帝文森高中」、「密西根大學」等校名。

現實生活中的校園體育服確實長那樣子沒錯，亮麗且直白，清楚告訴你，你現在看到的是美國高中生，文化特徵欲罷不能地彰顯著。美國學生不穿制服，私服方面當然也沒有琳賽．蘿涵的預算，遠不如電影精彩，大多數人都是T恤、牛仔褲、大背包而已，不太花俏，更沒有名牌。而今，世代流行趨勢也改變了青少年時尚。十多年前，美國青少年只要穿上一件 Abercrombie & Fitch 就能稱為酷，隨著 iPhone 的出現，iPhone 之酷更勝一切，這些零用錢有限的青少年把錢都花在購買 iPhone上，Abercrombie & Fitch 便應聲倒地了。再加上矽谷創業家竄起的「年輕有為、年輕多金」形象如此清晰，人人都想展現賈伯斯風味的酷，所以現在的美國，「矽谷宅男風」、「臉書馬克不換衣服風」完全制霸年輕世代。

無論美式風尚如何席捲全球，漂亮的波特蘭二十三街、《慾望城市》裡的紐約、《花邊教主》裡的上東區、維多利亞的祕密那瘦乾巴伸展臺上，那些人人出門都整齊時髦、穿馬靴喝咖啡的地方，僅是極少數。你大可想成那是巴黎在美國的租界、米蘭在美國的割據地，總之不是常態。真實世界裡的絕大多數美國人都是邋遢鬼，和光鮮亮麗扯不上關係，主軸即休閒再休閒，衣服也是舒適取向，既不修身也不一定合身。更多時候，老美一走出來，整體畫面滿滿是城市鄉巴佬的即視感：莫名其妙的寬鬆大T恤上頭寫著「紐約洋基隊」，卡其色及膝短褲，赤道等級的腰圍，此時若再遞上一架相機，根本就是俗氣觀光客下凡來解答，土包子味十足。

在台灣、日本、韓國等亞洲地方，如果要去漂亮的百貨公司購物、喝下午茶，美麗的女生們真的會拿出花邊教主等級的變美全套餐，眼線、假睫毛、上一下髮捲、再穿上連身洋裝，厲害的女孩子甚至使得出忍者等級的易容術，火速變身成為另外一個人。無論是為了融入商場的高級氛圍也好，為了得到店員良好的對待也好，亞裔女生上街會認真裝扮自己，以展現出精緻、富裕感的一面，是一種很普遍的現象，某方面也算社會共識。相較起來，美國人真的不太會打扮得那麼美，商場內看不到女生穿著公主裙裝上街，連高跟鞋也不多，如果看到了一雙 Roger Vivier 名牌高跟鞋在百貨內走動，鞋子主人有九成五機率是重視外表的亞裔女生。上街購物、周末出門吃早午餐，在美國文化裡都不算所謂的「場合」，不需要大肆裝扮，大多還是以牛仔褲和便鞋為主。

在孩子們的穿著方面，許多台北的貴婦媽媽會讓孩子穿上 Burberry 格子上衣等辨識度極高的服飾，以傳達高級感。若以經典格紋為例子，在美國這些年，我只在加州的亞裔孩子身上看過，在其他美國孩子身上真的一次也沒見過。即便是婚禮等「要見人」的正式場合，一般美國孩子只會穿上漂亮的正式衣服以符合禮儀，父母並不會特別強調其中的名牌感。和亞洲各國的穿衣邏輯不同，美國的衣著文化相對而言比較不重視品牌的展示。

雖說穿著上一般來說沒有生活在亞洲天龍國的我們那麼精緻亮麗，可是美國人隨便歸隨便，特殊場合還是非常遵守穿衣社交規範的。漂亮與否是一回事，什麼場合穿什麼衣服，對美國人而言是基本禮貌，例如星期天上教堂一定要穿正式服裝，參加婚喪喜慶也絕對沒有牛仔褲、拖涼鞋，男生全套西裝、女生優雅裙裝出席的同時，亦須遵守顏色禮儀：參加婚禮把白色留給新娘；參加喪禮則是肅穆的黑色以顯莊重。平日在高級餐廳用餐時，承襲西方傳統正式用餐禮儀，餐廳也會要求客人不得穿牛仔褲和涼鞋入席，以高規格的禮儀要求來突顯餐廳的水準。

從好萊塢明星出席頒獎典禮穿的禮服，也可以看出美國人對於場合的尊重。倘若今天參加的是奧斯卡頒獎典禮，明星們絕對穿著最正式的禮服出席，假如換作是MTV頒獎典禮，明星們便可趁勢展現自己最前衛獨特的風格。箇中邏輯連全地球最極端的Lady Gaga都奉行不悖，她在奧斯卡頒獎典禮穿上全黑正式禮服，將生肉裝留給了MTV大獎。由此可知，在美國文化中，平日無論休閒自在到什麼地步基本上都沒問題，但相當看重正式場合的衣著禮儀，在所有需要展現教養、表達尊重的時刻，良好適切的衣著是絕對必要的文明。

每次當我打開家門，走到街上，看到那些衣服穿得亂七八糟、毫無美感的都市鄉巴佬美國人時，都不禁想問：「你們到底憑什麼文化侵襲別人？難道是鏡子售罄了嗎？哪來的勇氣？」但明擺的事實就是，美國人肯定不是世界上最時髦的民族，他們的時尚卻絕對是最有影響力的。美國人的時尚風格，無論是以極致浮誇為目的的好萊塢明星風、極簡都會潮流的紐約名媛風、輕鬆酷帥的加州女孩風，藉由他們手中緊握的傳播科技如電影、音樂、網路平臺，攻占了全世界，所有美感不足的部分，則由強勁的美國自信補足。

此外，從時尚的歷史洪流中，我們也能看出美國人的創意無限、視角不拘——當球鞋還只是家用品的一部分時，美國人突破界線，讓它「時髦」起來，並且一路攻頂，直至今日成了街頭潮流文化的先鋒；當隨身聽和手機僅是電子產品之際，美國人站出來，讓電子產品比高級訂製服更能彰顯社會地位、表現個人形象。你說「酷」、「時髦」、「潮流」的界線在哪裡？不管在哪裡，肯定不在美國人心裡。在美國，時尚想像力已然衝破天際，沒有局限。

由不怎麼時尚的美國人來引領世界時尚，橫空出世，無視歐洲那些美得冒泡的巴黎人和米蘭人，這個事實某方面聽起來其實挺勵志的，有種莫名正向的顛覆感，似乎在告訴我們，凡事不需要完美，依然可以用自己的方式去成就所望，甚至進而改變世界。這種超級美國的信念，那些憨憨醜醜的美國人，每天太陽升起的時候，都在做給你看。

熱愛運動的美國人

身為一個疲憊的郊區媽媽，每個周末早晨聽到鄰居的引擎聲響起，我都不禁在內心偷偷微笑，感謝上蒼孩子們年紀還小，我還不需要加入美國人的周末球場長征，還有時間躲在睡褲裡，握著咖啡杯，打開鬆餅機，慢慢吃頓早餐。

你說美國人周末一大早瞎忙什麼呢？他們可不是載孩子去補習。頂著早晨的冷空氣，美國人是載孩子們去運動。如果小孩約莫國小年紀，那大概還不需要太辛苦，畢竟無論是教練課或比賽都只會在自家附近；一旦孩子上了中學，便開始有所謂的「巡迴賽事」，也表示家長將變身長途司機，一起「巡迴」。為了早上九點、十點開場的比賽，六點出門是常有的事。要是不小心生到一個林書豪，方圓十里之內全部擊敗，父母拉車愈拉愈遠，單趟四小時的話，可是能從台北一路抵達高雄呢，一種每個禮拜都在環島的概念。勝利的快樂建築在父母的汗水之上，爸媽多麼想躺在家裡追劇而不得，確實很辛苦啊！於我來說，這也是美國人愛孩子的表現，長路漫漫，送君千里去打球。

二〇一八年冬季奧運雪板金牌得主 Chole Kim 得獎時年僅十七歲，她提及父親這些年來每個周末都開單程六小時的山路，載她上山練習，他們總是半夜兩三點摸黑出發，她在車上睡覺，爸爸當司機，一路攜手努力至今，才成就了一位頂級運動好手。雖說不是每個人都秉持奧運規格過日子，但由此亦能看出，孜孜不倦陪孩子運動是美國人培育孩子的方式。

在美國，小孩子上課後體育課、參加運動比賽，如同台灣報名數學或英文補習班一樣，幾乎是家家戶戶都會做的事情，即便小孩子跑步很慢、接球也不太行，照樣報名。就像數學不好更要補習一樣的道理，家長不會放棄。四十％美國小朋友固定從事一種團體運動項目，小至三、四歲開始參加「小小棒球聯盟」、「小小籃球隊」，以玩樂的方式接觸運動，增進身體健康，同時探索自己最喜歡、最適合的運動，體操也好、花式溜冰也好、游泳也好，以後便專注在該特定領域持續發展。

千萬切莫小看美國人對小小孩體育賽事的用心，雖然爸媽內心深處也明白不過是小孩子的活動罷了，但每當比賽的哨聲響起，這些美國爸媽往往不自覺開啟靈魂深處的NBA開關，徹底動了真感情，在場邊又叫又跳、又是怒抓頭髮、又是大摔毛巾，極其情緒化，完全不能自己。我見過小學球場旁架設了一個幽默的警示牌，提醒在場的爸爸們「這是小學生球賽，與會的教練都是義工，請讓孩子們快快樂樂比賽，請提醒自己這不是紐約洋基隊現場。」此為標準美國人，所有的運動比賽皆是割喉之戰，都輸不起也放不下啊。

美國人熱愛運動這件事情到底是打哪來的呢？

我想這份熱愛首先扎根於校園。在台灣，學校老師如果把體育課拿來加強數學，我想大部分家長都會很高興，因為數學、英文等「主科」是至尊無上的存在，數學一出，大家讓開。鏡頭轉到美國校園裡，這份至尊感的持有者變成了體育課。我女兒的小學架設了臉書專頁，小學的體育課也架設了獨立的專頁，是的，數學課沒有、科學課也沒有，就體育課有，上頭洋洋灑灑向家長們介紹最近上了哪些項目，有什麼加強體能的內容，如何利用體育活動鍛鍊孩子的團隊合作力和個人恆毅力，以及學校近期有哪些賽事可以參與。內容之豐富，體育老師真的很認真。

在小學階段，學校的體育活動也是連結校園和社區生活的橋梁，例如偶有「全國走路騎車上學日」（National Walk and Bike to School Day），體育老師會帶領大家在某一社區定點集合，大家一起手牽手走路上學。運動結合環保，再加上連結社區情誼，傳達出美式價值觀。公立小學需要募捐經費時，舉辦的活動往往也以運動賽事為主。今年女兒的小學舉辦的就是全校孩子一起跑馬拉松，請所有家長和鄰居共襄盛舉、慷慨解囊。有時候募捐會以「跑一圈捐多少錢」的形式舉行，鼓勵孩子們多跑，也鼓勵大人們多多幫忙。這也是美國校園募捐的基本形式。

進入一般高中校園，美國孩子暑假不需要上任何輔導課，放假的每一天都可以自由運用，校方在這段期間內基本上不會提供任何學科教學，留在校園裡的孩子大多是為了特殊研究或社團活動，其中最常見的當然就是參加校隊和啦啦隊。打著運動有益身心健康的招牌，教練可以將球隊訓練和校際比賽排滿整個暑假、霸占整個校園，所有來校進行其他活動的同學都得配合運動員們的需求，將資源讓給校隊，此為不成文規定也。此外，倘若教練想利用暑假加課，家長會舉雙手贊成，但若換成數學老師想利用暑假上數學，絕對會引起強烈反彈，充分顯示了運動能力在美國人心中的地位，遠遠高於其他任何基礎學科。

體育課在台灣傳統升學觀念中是可有可無的學科，許多家長認為田徑隊、籃球隊是不愛念書的孩子參加的，自家孩子如果也加入，只怕近朱者赤、近墨者黑，要是學壞了怎麼辦？還是不要參加這些沒用的比較好；再加上台灣的孩子課業繁重，要念的書、要做的練習題實在太多了，時間都不夠用，自然希望孩子的精力能夠集中在課本上。這些為人父母的心情不難理解，一切都是為了孩子的未來著想，畢竟能夠考上一所好大學，對人生幫助甚大。美國人當然也希望自家孩子能上好大學，但是美國的升學體制相當重視運動能力，單單這一個觀念上的不同，就足以大幅提升運動在校園裡的地位。

美國人的想法是，怎麼樣的人在社會上容易成功、怎麼樣的特質足以推動世界的變化，就是名門大學想要的人才。而我們都知道，考試的成績、念書的能力，僅是社會生存力的其中一環，其他潛在能力對於一個人成功與否可能影響更大。美國升學體制接納了這個事實，在選擇要錄取哪位學生時會嚴正考慮考試成績之外的可能性，這種時候，運動表現就是一個可以將人格特質量化，並展現給入學委員會看的渠道之一。

運動成績代表了什麼？它代表了一個人是否能夠持之以恆地努力、是否有求勝的意志、是否具有團隊合作的能力。若再加上當隊長、當球隊經理的經驗，更表示有領導統御的特質。如具備以上能力，在社會上發光發熱的機會非常高，是美國人共同認可的人才，大學自然大張雙手歡迎。林書豪就是運動加分上大學的最佳例證，我相信他的考試成績絕對不是最完美的，但絲毫不影響他整體表現優異的事實。也因此，有千千萬萬的家長希望自己的孩子能和林書豪一樣，身體健康、體能好，又能上哈佛。從這個觀點出發，更能明白為什麼美國人整天把孩子往田徑隊推，和生長在台灣的我們如此不一樣。

除了美國文化對運動精神的追捧，運動員之於學校，還有實質上的經濟價值。拿美國大學體育協會NCAA（National Collegiate Athletic Association）美式足球賽來說，排前面的球隊每年穩定為學校進帳上億美金的收益，前三名的大學球隊本身就有約十億美金的價值。十億美金是多少？三百億台幣。台灣上市公司中，遠雄建設大約市值三百億台幣，你能想像交通大學旗下擁有一個遠雄建設嗎？如果有的話，肯定是學校的金雞母吧，為學校賺來大筆收入、養活很多員工，校方絕對傾注全力經營。球隊經營的重點則在贏球，不贏球哪來的球迷、哪來的門票收入，所以贏球需要的硬體設備、球員、教練都值得高額投資，其中尤以明星等級的教練是各大學捧著高薪爭相聘請的人才。全美最高薪的大學足球教練年薪高達八百萬美金，薪水之高，堪稱美國之外絕無僅有。

不只金錢收入，贏球也替學校帶來了名聲、媒體曝光率、校友的向心力，這些對於篤信資本主義經營的美國大學來說，都是至關重要的影響因子，因而成為和學術研究並駕齊驅的存在，也因此，招募運動員、照顧運動員、讓運動員「無論如何」都能在功課苦海中存活下去，便成了校園共識。為了贏球，教授也可以選擇睜一隻眼、閉一隻眼，教授們也愛看球嘛！再者，如果進入某大學就讀，畢業後能夠更容易進入國家美式足球聯盟NFL（National Football League），轉型職業運動員，那麼該校更會是年輕運動員的夢想。於是魚幫水，水幫魚，產業和學校相輔相成，為一完整成熟的生態體系。

邁出校園，美國人對於運動這件事的共識，用「喜好」來形容已經不恰當了，對他們來說，運動是維持生命之不可或缺，並非可以選擇的「嗜好」。人可以不喜歡下棋、不喜歡織毛衣，但絕對不能不喜歡運動。就算真的不喜歡好了，他們往往還是會勉強自己起身奮起，沒得商量。

扣除明顯過重的群體，一般中產階級以上的美國人，我會說絕對超過七成以上，每周至少固定運動健身一次。我身邊的人，如果有長期運動習慣者，大多每周上健身房兩三次，我先生則是每天晨跑，倘若天氣不好沒辦法跑步，就會在家生悶氣，變身令人生厭的男子一枚。

既是生活的環節，自會圍繞日常應運而生。你會在科學園區、金融區、各種白領辦公密集處發現健身房的蹤影，主要方便上班族在上班前、午休時段、下班後運動，所以手提電腦包之外，肩上再背一個運動袋是挺普遍的造型，也是公認的時髦。在美國，「午休去運動」非常政治正確，傳達出有為青年的正能量，非但不用躲躲藏藏，更要大喇喇讓同儕都知道，「我現在締造的可是積極健全的人生呢」！

被小孩纏身的全職媽媽、全職爸爸族群也愛運動，也都有辦法去運動。美國有許多健身房提供托嬰服務，其實不只嬰兒，就連國小學童、甚至國中孩子都能加入健身房的幼童照護，爸媽去運動，孩子們在幼兒中心裡玩得也很開心。小嬰兒有專業保母呵護，幼童則有各種勞作、遊戲、活動、故事時間，甚至是簡易體育課，儼然幼兒園翻版，只差沒有蒙特梭利進駐而已。總之，為了讓父母安心運動，美國高級健身中心可以做到這種程度！就算不是大型健身中心，僅是單一種類的運動教室，例如瑜伽、皮拉提斯等，也時常找得到附有托嬰服務的。換言之只要有心運動，大致上都動得成，沒有問題。

甚至，媽媽們不上健身房，還是能運動。美國有個東西叫做「baby boot camp」，教練帶著一群推著嬰兒車的媽媽們一起伸展、集體在戶外慢跑，寶寶們則在各自的嬰兒車上休息。如果上課中寶寶有任何需求，媽媽可以自行停下來照顧寶寶，不影響其他學員。我個人認為 baby boot camp 是個絕妙好點子，媽媽既能運動健身，又能踏出戶外認識朋友，一舉數得。這些帶著寶寶的美國媽媽都不是玩假的，慢跑的距離超級遠、超級累，依我的標準，那都是需要騎機車的距離，我一看便下定決心絕對不報名。

還有個挺妙的現象是，我們可以在飛輪教室、有氧舞蹈教室、自行車隊中發現許多銀髮族的蹤影，美國爺奶們不讓年齡影響運動習慣、持之以恆健身的比例，遠遠高出亞洲社會。我在台灣住了大半輩子，帥氣爺爺越野自行車隊一次也沒看過，在美國卻挺常見到，徹底執行「活到老，運動到老」的決心。

周末早晨這種明明應該補眠的時間，美國人多半拿去運動，絕大多數有運動習慣的人都會跑一趟健身房、瑜伽教室。若在此時段出門買咖啡，常發現店裡超過三分之一的客人都穿著某種運動服裝。有穿有驕傲，導致像我這種明明剛起床哪也沒去的死宅女，也不得不穿上 Lululemon 假裝一下，關上車門往咖啡館移動時還小跑步，一副多神采奕奕似的，相當虛偽。沒辦法，這就是活在運動國度的同儕壓力，逼得一個善良的懶鬼無法誠實面對自己，不想運動只想鬼混的心情，又有誰能明瞭。

在崇尚英雄主義的美國，關於運動的一切都是酷的。球場激昂的音樂、年輕氣盛的球員、球隊的私人客機、NBA明星身旁的超模，無一不象徵了成功的人生，遙不可及的夢想，尤其引起男性無限英雄崇拜。在美國，職業運動員和頂級教練是好萊塢明星般的存在，從每季的戰績到戀愛史都是大眾關注的焦點，人們在八卦運動員的過程中跳脫平淡的日常，找到配飯的素材，一邊啃炸雞，一邊有人可以罵，生活得以有滋有味。每星期穿著寬大五彩的美式足球服，和朋友一起去球場喝廉價啤酒、鬼吼鬼叫，抒發心中的壓力，吼完之後轉個身，又有力氣面對人生中的挑戰。

猶記得研究所時代，有一年超級盃美式足球賽正在進行，財務數學教授興奮地走進教室，激動地和大家討論比數，同學們竟然冰冷回應，令教授好意外。原因是這門課的學生都是些外國人，當下著實嚇傻教授，地球上竟然有人不看超級盃！要知道超級盃號稱美國春晚，老美家家戶戶絕對必看的年度重點節目，當日竟然無人參與，顯示我們多麼「不美國」，文化差異就地顯示。倘若有一天在某個社交場合裡，你希望能夠破冰、想打開老美的心防，提一下前晚的NBA比賽或NFL最近戰況，立馬見證老美一秒變身寶傑與西屏，激動得可以！揮別美國當壁花，輕輕一招就搞定！

可能美國住了一陣子，我逐漸領略運動的魅力，覺得健壯的體態很美，健康的身心狀態值得我們投資時間和力氣。讓孩子從小奠定良好的身體資本受用一生，也非常同意運動可以堅強恆毅力。身心都強壯將讓我們更進一步接近成功的人生。我們都不妨一起養成運動的習慣，長長久久持之以恆，有百利而無一害。

經常誠實的美國人

我在網路上撰寫輕鬆短文已經有一段時間了，純粹抒發心情，偶爾說說笑話，讀者全是來自華文世界的朋友。某天開始我逐漸發現有人將我的文字和想法占為己有，放在他的版面，變成他的。大多數時候，剽竊的方式不是全文複製貼上，而是寫在相似主題之下的「精華擷取」和「換句話說」。對此我當然覺得很不舒服，默默地在心底希望對方可以停止，無奈事與願違，誠實的撰文者和 Nike 球鞋上的勾勾一樣，一再被吃豆腐。

美籍友人聽聞此事，認為我應該第一時間警示對方，倘若不為自己發聲，形同同意了這種形式的竊取。我感到猶豫，因為對方的抄法走的是一種「混音」路線，這個網路作家這裡、那個網路作家那裡，各自摘錄，拿回家拼湊成文，像這樣的模式是否只能稱為「致敬」，很難被定罪為抄襲呢？那條明確的界線在哪裡？

沒吃過塑化劑、也沒抄過習作解答的美籍友人提醒我，那條界線應該在每位原作者的心裡，只要作者感覺權益受損，就可以大聲站出來捍衛自己的心血結晶。抄襲就是抄襲，抄全文是抄，抄三句也是抄，抄取點子、概念，都是抄。對於智慧財產權的守護是文明社會的根本。當賈伯斯發覺比爾・蓋茲竊取了蘋果電腦的新想法，並拿回微軟「發揚光大」時，也是馬上打電話去西雅圖鬼吼鬼叫了啊。雖然微軟自己下功夫進行了開發，但「下過功夫」不等同於清白，爭議還是有的，竊取之犯錯與否不是按照程式碼的數量計算。同樣的道理，無論華文世界的「被致敬」多麼常見，都不該把它視為理所當然的現象，理應勇敢拒絕，讓抄襲鬼們知道不是所有作者都吃素。

在美國社會中，當然也有各式各樣的「致敬」、作假與欺騙，只是普遍來說，美國人對不誠信行為的容忍度相對極低，一點點就抓狂，馬上法院見。若是被定罪，往往也必須付出極大的代價。

二〇一九年初，一連串大學入學詐騙案在美國鬧得沸沸揚揚，好萊塢明星、投資銀行家、王牌律師利用巨額金錢為代價，買通大學體育教練等相關人士，讓壓根沒划過船的孩子假裝成划船高手，好以特殊體育生的身分入學。更有各種人為安排，讓這些孩子在考試中舞弊，輕鬆飛過入學門檻。蓄意詐欺的結果是讓許多完全不夠格的富二代們取代了真正有實力的孩子，擠進了名牌大學的窄門。行徑之可惡，引來美國社會巨大撻伐。此案最終進入司法調查，家長面臨牢獄之災，被動接受安排的孩子們也遭到退學懲處。美國社會對誠信的要求很高，結果絕對不會是高高舉起、輕輕放下。

在此入學醜聞之外的美國校園，「誠信」是師生之間奉行的終極法則。他們投以彼此的信賴程度之高，完全預設踏入校門的學生是誠實無欺的小乖乖。校方天真無邪、心無雜念直至你不忍詐騙他們。從申請入學開始，入學委員會就讓同學自己填寫前母校的在校成績、提供履歷和經歷。其中的每個環節，其實都有辦法不誠實，經歷也可以漫天誇飾，聲稱自己當過市長、打過老虎。在履歷上說當過市長是過分容易查證了點，顯然是玩笑話，但如果號稱在新北市山區打過老虎，縱然荒謬至極，哈佛也很難反駁你；又如果「修飾」經歷的幅度小一些，自吹自擂的程度微調一下，把老虎改成壁虎，學校根本無法說你沒打過壁虎是吧？硬要以新北市打壁虎心法申請哈佛，哈佛也拿你沒辦法。以上當然是比喻，純粹讓大家感覺一下申請大學過程中可能有的操作空間，事實就是學生人數太多，絕對不可能一一查核履歷上的每一個細節，因此我們可以合理地說，整個美國申請入學制度的運作，很大程度仰賴深植人心的誠信原則。

進入大學以後會發現，誠信準則貫徹美國校園的每一個角落，所有學生都必須遵行

「honor code」榮譽制度，絕不允許舞弊、抄襲、把別人的智慧財產拿來當作自己的。在大學課堂考試裡，經常只有一兩名助教象徵性地在教室內「監考」並做自己的事，憑藉的就是對同學的信任，選擇相信在場的每個人都能自律。更有所謂的「回家考試」，把試卷帶回家，在限時之內，不查課本、不搜尋網路、也不尋求他人幫助，在家裡靠自己獨立完成。任課教授們給予同學信賴與尊重，預設大家都會守規矩，結果發現絕大部分的人確實都很誠實。雖然也常看到特定族群、特定地方來的同學群起作弊，原生母國的血液暗夜沸騰，直接大庭廣眾討論解答，在美國校園內挺具爭議性，同時也讓誠實的同學備感憤慨，無奈討論答案實在太有快感了，很難忍住不做，這樣的行為每年都看得到，如果被學校發現了，在罪證確鑿的情況下會受到非常嚴厲的懲處。

走進社會，除了每年萬聖節都被小朋友偷光糖果，其實多數美國人真的蠻誠實的，風清氣正，也不太會因貪小便宜而撒小謊。加州科技公司內提供小憩的免費零食吧，無須擔心被員工當成 buffet，或者直接拿來包便當帶回家，放在公用冰箱裡的飲料絕對不可能被偷喝；路邊僅供顧客使用的停車格，真的只有店裡的客人才會停，即便沒有警衛鎮守，沒有消費的人還是乖乖停在收費停車格；放在店內的咖啡試喝樣本，未曾見過被人無限暢飲的狀況；當然也沒有怪怪老伯會去家具賣場吹冷氣、睡午覺；更不見 Costco

裡大媽的逆襲，赤手空拳分裝生雞肉，亦不可能在賣場內免費大吃烤雞。

在美國，消費者可以相信商家，出門購物不用擔心買到假貨或仿冒品，沒有掛羊頭賣狗肉的可能性；買來的食物，實際成分和內容標示也都相互吻合，食品安全無虞；居住的房子甚少聽聞有偷工減料或違反法規的情況，甚至連房產交易過程、查驗手續，也都安全而透明，實價登錄，無須擔心欺瞞行為。同時，商家也很相信消費者，不用經過諜對諜的過程，退換貨輕鬆容易，雙方都受益。

美國是個有嚴謹信用制度的國家，專業信評機構會從各銀行蒐集每個人的信用卡還款紀錄、房貸繳納紀錄、每個月用掉多少信用卡額度等信用資訊，經過模型計算得出一個「信用分數」，這個分數會黏著於個人的「社會安全號碼」（相當於台灣的身分證字號），跟隨你一生。信用分數的高低將實質影響每個成年人的生活，舉凡辦信用卡、買房、租房、買車、買保險等，都會根據你的信用分數而得到不同的結果。拿申請房屋貸款來說，信用分數高的人可以拿到比較低的房貸利率和比較優惠的還款合約。假如發生信用不良、信用破產的狀況，相關紀錄也會忠實反映到信用分數上，可能導致無法再用信用卡消費，生活重返現金交易，在信用卡走遍天下的美國被打回石器時代，成為摩登原始人。

這樣字面上、檯面下都如此重視誠信的地方，對我們這些外國移民來說其實挺方便的，完全用不著琢磨灰色地帶，反正就是徹底守規矩即可，很是暢快。不用擔心貪心大媽的逆襲；也不用擔心退換貨時得經歷保密防諜式的審核；就算長得再完美、再水靈，也不用擔心臉被人整形抄走。我不禁想說，信用最棒，誠實依然是美德，享受過大家一起誠信所帶來的安心感之後，便會祈禱走到哪裡都能夠持續垂拱而治、高枕無憂。

這種感覺就像台灣人某一天起便不再亂丟垃圾了，罰單沒有變多，巷口的監視器也還是老樣子，彷彿我們集體一夜長大，再不需要一個老媽子跟在身後囉嗦、命令我們收拾，我們就是自然而然地準備好了，可以天天乾淨、時刻整潔，每當群眾集會結束之後，看著潔淨無瑕的場地還會驕傲地吹噓：「我們台灣人就是這麼有水準。」

正如同人世間所有好習慣的養成少不了長時間培養，沒有任何的法律，沒有任何的標語，沒有任何的倫理與道德課本能夠立即治癒塵封已久的壞習慣，只有生活在這社會裡的所有人，都記得練習點滴皆誠實，複習以守法守信為傲，那麼我想很快地，我們會再次攜手長大，共享誠實家園的美好。

有點浪費但不奢華的美國人

九月是重返學校的季節，家家戶戶的母親都得帶著孩子去大賣場採買學用品。學校提供的「返校清單」很長，家長必須依照老師指示的品牌、物品、數量，一模一樣買好，小至影印紙的白色色號都有規定，連「紙有多麼白」都不可以和其他人不一樣。今年是我幫女兒準備的第一年，才明白原來這件事情如此難辦，去附近商場時驚覺現場所有媽媽手中都拽著一張清單，需要的東西也差不多，架上的白色公文夾早被搶購一空，我再次連其他媽媽的車尾燈都看不到，在學用品的戰場上成為一介刀下亡魂，還是乖乖回家網購等包裹好了。

當日在商場裡，我看到一個很有趣的現象，幾乎每一列結帳隊伍裡的孩子都買了一個新背包！結完帳後，把剛出爐的學用品放入新買的書包內，當場背回家，儀式感相當濃郁。我後來才知道這是美國許多家庭的慣例，無論既有的背包新或舊，完好如初或坑坑巴巴，每一年都會買一個新書包，以嶄新氣息和全新行頭迎接新學年的開始。我想這在台灣長輩眼裡完全是「唉唷，真浪費啊」，因為在台灣只要書包沒壞，一個通常都可以用上好幾年，哪可能好好的沒壞就買新的，只為了要有「新氣象」！畢竟小朋友有了新書包之後，舊的那個肯定不屑一顧，這樣慣例式的年年買，無疑助長孩子喜新厭舊的習氣，台灣文化可不覺得是件好事情。

但是，美國人就是這樣子，基本上沒有「浪費」的觀念，更不在意日常生活中的小小花銷，不會考慮這筆花費是「有必要」或「沒必要」。老美的腦袋裡只在乎「有喜歡」或「沒所謂」，小筆開銷縱使可以節省起來，他們也是雙手一攤，完全不放在心上。

台灣人平常會教導孩子碗裡的飯一定要吃完，因為食物很珍貴；離開房間一定要隨手關燈，愛惜能源；水龍頭非必要不要開那麼大，乾淨的水嘩啦嘩啦一下子就浪費掉了，從種種生活細節中強調節約的重要性。在台灣人眼裡，「不浪費」被視為「有家教」的必要條件，一個孩子倘若浪費資源，便會遭致「家裡到底怎麼教的」等批評，無論再怎麼優秀，品德評價都不及格。

反觀美國人，幾乎沒有所謂「節約」的觀念，即便有，標準也是寬鬆得離譜。我住在美國這些年，出沒各種親子場合，聽過各式各樣的訓話，就是沒聽過美國媽媽教訓孩子：「不要浪費食物。」美國小朋友沒有被要求一定要把碗裡食物吃完的習慣，一般來說，小朋友只要覺得自己吃飽了，就可以離開座位，剩下的食物則會被丟掉。美式用餐習慣也和中式不同，中式是每個人夾取所需的菜至自己的碗裡，想吃再夾下一口，其實可以減少整體食物的浪費；美式大多在開飯前已經分配好，一人一盤，要是沒有掌握好份量，每餐剩下的食物可能不少，如果全數丟棄實在相當浪費。無奈的是，這就是大多數美國人的觀念，對食物的態度可說十分輕薄，想到眼下世界上許多地方還有很多餓肚子的人，真的覺得好可惜啊。

不過，與其說美國人愛亂花錢，更貼切描述他們對金錢的態度，是因為富足已久而造成的蠻不在乎，眾多的蠻不在乎聚沙成塔匯集成為龐大的日常開銷。根據CNN報導，近半數美國人是月光族，每個月將收入花個精光甚至超支。可是明明走在美國街頭，放眼望去壓根看不到我們亞洲人的「奢華」，美國人的錢到底都花哪去了呢？

說到花大錢，我們會立即聯想到豪華歐陸旅行、三層式下午茶、賓士轎車和香奈兒包包，特別是昂貴的包包和鞋子代表的上流感，更為我們所重視。台灣實境節目街訪尋找有錢人時，首先追問「行頭」，表示我們認為有錢人總會把預算花在「眼睛看得到的地方」。相對亞洲人的愛漂亮，調查報導指出，美國人每年大約只花收入的三%在衣服上。三%是多少呢？就是一個年收入百萬台幣的人，每個月花二千五百元打理衣著，真的不算太多，是吧。我想這也是為什麼人們漫步美國街頭時，見不太到散發「奢華感」的貴婦，放眼望去，滿滿的草民。

外表是一介草民，銀行裡又確實沒啥存款，美國人到底怎麼回事？

報導指出，美國人最大的支出在於房屋和房屋相關的維護，平均花費高達收入三分之一。首先，美國的平均房價遠低於台北，但房貸利率比台灣高得多，還款還是有壓力。最讓人感到負擔的也不是貸款，而是高昂的房產稅（property tax）。美國的房地產稅根據居住地點差別很大，大約可以估計在房屋實際價格的二%左右，也就是說，如果你持有一戶五十萬美金左右的房子，每年必須繳納的稅金約在一萬美金左右，也就是台幣三十多萬元，而且繳的可是現金吶！真的非常沉重，怪不了美國人沒錢買香奈兒，說不定他們也想買，但國稅局走一趟便心寒，回家就改提紅白塑膠袋了。

再者便是房屋的維護。三隻小豬的故事告訴過我們，草屋和木屋都靠不住，美國人偏不聽，偏要蓋木頭房子，並讓木頭房子遍布全國，你能拿他們怎麼辦？完全沒辦法呀。美國的房子因應各地氣候不同，需要的修繕也不一樣，但可以想見的都是木頭損耗劇烈，必須修理與更新。像在芝加哥等氣候比較嚴峻的地區，時常下大雪、下冰雹，有時大冰雹過後，屋頂損壞，滿地木屑，不得不修，若想全面換個新屋頂，一換可能要花上八千到一萬美元，花費甚鉅。就連最基本的油漆房屋外牆，在波特蘭一地也要四千美元左右；請人整理後院，去除雜草，鋪上新草皮和種幾棵樹，也得花上兩三千美元，可見房屋修繕的開銷之驚人。

好吧，如果你說房屋開支應該歸納為固定支出，那我們就來追究一下其他可變動的消費。

美國近來吹起一陣「self-care」風潮，鼓吹大家好好照顧自己的身心靈，所以加入健身房外，更多人開始上瑜伽、做皮拉提斯、禪修，女孩子花更多時間做指甲、做臉、接睫毛。這些服務在人工費用高昂的美國都很貴，好比做臉一小時要一百美金起跳，接一次睫毛可能要美金三百元左右，「照顧自己」的代價真不小。最有趣的是，美國人「self-care」的出發點，無疑是希望在辛勞的生活之中犒賞一下自己，然而統計資料顯示，在美國，收入愈高的人反而愈偏好低價、甚至是免費的「self-care」，例如在社區跑步、牽著家裡的狗狗散步蹓躂等；收入低者更偏向花大錢享受。這個事實挺有意思，和我們原本預想的不大一樣。

另外，比起高級物品，美國人比較願意將錢花在「高級體驗」和個人興趣。他們會買演唱會後臺的門票面見搖滾巨星，買ＮＢＡ季票撒大錢支持地主球隊，也會因為喜歡公路旅行而買一輛大型旅行拖車。要知道，這種車子一年可能開出去沒幾天，卻同樣得支付一整年的牌照稅、相關保險等，就支持興趣而言，著實是筆不小的花費。總之，美國人在這種相對看不見也摸不到的開支上，比起台灣人的花費多了非常多。

有一回我和剛認識的新朋友聊天，他告訴我他先生因為先前的網路工作，每個月都有約四、五千塊美金不等的被動收入進帳，他們全家已經很久都不需要工作了，最近因為那份收入逐漸遞減，所以需要重回就業市場，夫妻倆慢慢開始找工作。聽完這一席話的我當場徹底感覺自己是個台灣人，因為只要是台灣人，不太可能因為有份業外收入而夫妻雙方都不工作，天天玩，況且那份收入還是變動的，不會持續到永遠，完完全全超出我的想像。

我想，對於金錢的安全感，正是美國人和亞洲人最大的差異吧。我們隨時隨地未雨綢繆，審慎地替未來做好準備，無論何時發生意外，都不會有過不去的情況，這是亞洲式優良教育的傳承，今天絕對不會享明天的福。但美國人不是，大多數的美國人今天享受，明天享受，後天再看看怎麼辦，和養育我們成長的價值觀可謂天淵之別。

即便在美國生活了這麼多日子，我仍然不覺得今朝有酒，今朝就可以放心喝醉，反而是看遍了各人種在這塊土地上的發展後，更加深刻地覺得，節儉與務實就是我們亞裔恆久不變的優勢所在，是實實在在的美德，應當引以為傲，代代傳承。就讓阿呆們手牽手去亂花錢沒關係，我們好好規劃理財，堅固家園，等下次金融風暴來襲時，以台灣的名義買下整個加州！

「簡單」的美國人

據我觀察，要逼死一般路上的老美其實非常容易，只要對他們說「中冰奶半糖少冰」即可，他們會馬上瘋掉，絕對聽不懂。也因此，若想在美國社會順利行走，要秉持一個大原則：一句話只能提供一個訊息，在句點出現之前，切莫輕舉妄動。

「中冰奶半糖少冰」正確的詮釋方法應該是這樣子。

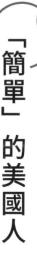

首先說：「一杯中奶茶。」

收到指示，店員會複述你的點單。接著你就可以再提供下一項訊息：「冰的，謝謝。」

店員遵照執行。

關於「半糖少冰」的要求則必須放棄，因為絕大多數世俗美國人無法做到「糖放一半」或「冰放少一點」這類特殊工作，對他們來說太困難了，他們很可能原本就是隨著今日心情隨便加加而已，所以哪來什麼「一半」、「四分之三」糖這種事，糖的多少完全取決於今天店內音樂的節奏或店員昨晚戀情的進展。在美國，飲料製作進入了一個屬於藝術的層次，不要用普世僵化的SOP去要求，做不到的，況且店員在製作飲料的同時，還要忘情地和客人聊天，以堅固情感、培養基礎客群，無暇分心，即便口頭答應你任何客製化服務，最後他們的美國身體仍舊無比誠實，送到你手上的，極可能還是原本菜單上毫無更動的版本，外加一句響亮的「Have a nice day!」

這就是美國人哪，鬆散、閒適、沒所謂，同時聽不懂人話。

接著我們再來探討下一個案例，應該如何正確地點咖啡。

聰明的台灣人會說：「兩杯中拿鐵，其中一杯多加一份濃縮。」

在美國，如果這樣對店員說，九成機率會拿到錯誤的咖啡，因為他沒聽明白，隨便敷衍。

正確的點單方式應為：「一杯中拿鐵。」

店員在紙杯上寫下一杯中拿鐵，並且將紙杯遞給其他工作人員。此時句點已經出現，表示店員已經準備好，你可以提供下一項訊息了。

「『再另』一杯中拿鐵，這一杯裡面要多加一份濃縮。」

確定店員拿了一個新紙杯，並再度寫下點單後，OK了，等下你就可以拿到正確的咖啡組合。

你問蒼天，這是怎麼一回事。蒼天回答你，那是因為你身在美國啊。事實就是，蒼天也拿他們沒辦法。

時常喝到錯誤的飲料，客人難道不會生氣嗎？首先，因為客人也是美國人，也只會用很簡單的方式說話，所以不太會出錯。再者，因為客人們是美國人，九成以上的人只會點很簡單的產品，例如像「大拿鐵」、「中美式」等，所有會點花俏咖啡，這個要加、那個不加的時髦人士大多住在好萊塢，不在凡間，那是另一個明星宇宙，有眾多助理服侍的那種，並非普世狀況，而一般來說，普世人間的要求都非常簡單。與此同時，如果喝到的飲料和自己的點單有些微出入，其實美國人很可能根本沒發現，即便發現了，通常「shrug it off」，肩膀抖一抖就算了，無所謂、小事嘛，蠻不在乎地就這麼過去。

相較於亞洲事事精緻的文化，美國人的確非常不拘小節、大而化之。

在日常生活之中、飲料世界之外，處處皆可看到美國人生活得多麼「簡單」、多麼能省則省、多麼無拘無束。舉例來說，我家浴室的淋浴間內沒有控制水量大小的開關，能夠調節的僅有水溫。當我發現這個事實時，我的世界有微微震顫了一下——這不就表示，很大一部分生活在這片土地上的人，洗澡時從沒想過把水調小。怎麼可能？太令人驚訝了。但這的確是事實，當年我的學生宿舍內、我住過的芝加哥公寓內、我們買下的波特蘭房子內，所有的淋浴間都沒有水量調節這個選項，取而代之的是熱水無限嘩啦嘩啦淋下的刺激快感。我想很多亞洲長輩可能因為這點而無法長居美國，要他們心如刀割地看著乾淨的水就這樣大筆流走，太浪費了、太痛苦了，不如歸去吧，搬回亞洲，求一個舒心地洗澡。

文具也是一個很有趣的例證。美國的文具店長得和 Costco 基本上差不多，或者就是 Costco 的一部分，裡頭辦公室用品和文具一應俱全，什麼都有，只是什麼都和亞洲看到的不一樣。亞洲的文具反映了亞洲人的文化品味和對書寫品質的堅持，往往精緻又多元。光是筆的種類就琳瑯滿目，以種類區分、以筆尖粗細區分，另外更有各種廠牌、各種產地、各種外貌設計、甚至各種價位與等級，延伸出以名牌文具來彰顯社會地位的概念，應有盡有，美不勝收，大大滿足文具愛好者的想望。反之，文具到了美國之後，也變得簡單許多，亦反映出美國人對書寫品質的零堅持，一點都不介意，能寫就行了。美國文具店裡頭通常沒有華麗的筆櫃，多半是一面牆上掛了各種基本書寫用筆，選項大概也就是藍筆、紅筆、黑筆，以袋為單位銷售，一袋可能六支、十支一模一樣的藍筆，旁邊的黃色螢光筆可能也是一袋六支，確保消費者在購買的同時，省心省力、寫好寫滿。總之，無論是店家的銷售方式還是使用者的購買態度，都可謂為極具美式實用主義的表現。

除了美國生活單純之外，我想這一切不拘小節和崇尚簡單的背後蘊藏了深厚的實用主義，而此實用主義的來源，是當年美國建國之初，遠渡重洋而來，堅苦卓絕的藍領移民們所留下的文化遺產。終歸都是貧窮又困苦的人才會翻山越嶺求生，哪裡還計較那麼多。到了現代，在這個依然以移民為主體的國度裡，每一天太陽升起的時候，都有新來的人在此落地並忙著生根，趕緊吃完漢堡，袖子捲一捲就要為生計忙碌。在這樣的生活框架底下，小事情無所謂，因為有更多重要的事靜待人們去做、去追逐、去完成，進而造就了代代相傳的大而化之。

其實很多時候想想，生活也沒什麼大不了的，植入一顆美國腦袋，忽略許多好像也沒所謂的小事，生活可能更輕鬆愉快的同時，也得以專注於一些真的值得我們留心的事情。一切從簡的習慣更有助於想像力和創造力的發展。我想這也是為什麼美國人可以製造出那麼多操作簡單、一指神功的洗衣機、烘衣機、各種家電用品，更別說那極具侵略性、洗腦性的美國流行文化。畢竟只要老美會使用的，全世界有誰不會用？根本沒人。只要老美能聽懂、會唱的，那肯定是舉世皆能倒著背、順口溜。這麼說來，頭腦簡單的美國人，生活過得確實挺不錯的嘛。

美國人的一百種鬆

我個人認為，一個男人的手臂和軀幹，在胳肢窩處所夾的角度，足以判斷一個人的國籍。

國中時在訓導處罰站呈現的九十度不算，如果你看到一個零度男人走在街上，那大概是個日本人，擠了十五年電車，胳肢窩壓力很大，胳肢窩不懂得自由的滋味，就像白天不懂夜的黑。如果你看到一個男人，角度奇大，胳肢窩夾約莫四十五度，在超市轉個身都會撞倒一整排口香糖，那大概是美國人無誤，全身發散出「我好愜意、我好舒適、我手臂上不管幾頭肌都好壯」的自在訊息。直到後來我才明白，這樣的角度其實才是人體自然而然的角度，歷史課本裡面的尼安德塔人都是這樣的，寬寬鬆鬆、不假思索，未思考自己應該被分配到多少社會空間的狀態下，身體便懂得留原始的餘裕給自己。你總不曾看過尼安德塔人夾很緊吧？

美國人之鬆，鬆如尼安德塔人。從小在台灣舉目所見的各種「緊繃」，跨海來到美國，都變成「哪有一定要怎樣」的事。

從家庭生活講起好了。台灣家庭生活的基本款可能是雙薪家庭，下班之後媽媽煮飯、做家事、照看孩子功課，爸爸的主要責任除了賺取生活費之外，可能還要扛起一家子的榮辱、努力讓人叫一聲「王董」才對得起祖先。美國家庭的基本款長相和台灣差不多，但其中多了許多彈性。若是雙薪家庭，通常誰先回家、誰比較有時間，誰就負責煮飯，並不一定要一大家子坐在那裡嗷嗷待哺苦等媽媽下班，徒增媽媽的壓力。

吃飯這件事情上，美國人更徹底放自己一馬。台灣人吃飯是件大事情，熱呼呼的三菜一湯不可少，沒吃到白米飯好像沒吃東西一樣。又吃飯時間一到，沒按時端上豐盛食物，暗示了媽媽不夠盡責，這樣怎行，難道想逼祖先顯靈嗎？

反觀美國人真的挺隨便的，很多時候麵包、起司、沙拉、簡單的肉，甚至微波食物就打發一餐，雖說營養條件或許不佳，但很明顯地，美國人也是長得好好的，身強體壯沒在怕，美軍都全世界打成這樣了，要是再吃營養點還得了，一不小心就統一地球了。可見三餐食事不達滿分似乎也不要緊，而且最重要的是，「不完美」也是可以的，隨便吃、衣服不折，都無所謂。整個美國都很鬆，全美國都用洗衣機洗球鞋，嬰兒都在咖啡廳地上爬，蘋果都用袖子擦一擦就吃，照樣活得好好的，而且由一堆鬆鬆家庭所組成的這個國家也沒有崩塌，同樣是貨出去，人進來，運轉得很。

美國家庭運作的彈性超出了一日三餐、誰來煮飯的範疇，在家庭職責這個議題上，同樣也擺脫了傳統觀念的桎梏。

大家其實都知道小孩需要有人養，每天的照顧卻不一定只有媽媽能做，從大人的角度來說，犧牲事業、成全家庭的也不一定只能是女人。有時候在需求的當下，可能剛好媽媽的職涯走得正順暢，爸爸更適合在那個時候抽身、暫離職場，那麼一個美國家庭可能就會選擇媽媽工作、爸爸回家全職帶孩子。這在美國是一個選項，是可以考慮的做法，阿姨不會特地從南部打電話上來批評指教，鄰居更不會指指點點，孩子到了學校也犯不著怕人家知道。終究，這僅是一個家庭的需求，以一個家庭的方法去滿足，如此而已，哪有什麼問題？更何況如此的可能性或許能夠讓某些掙扎中的家庭、某些男人女人大鬆一口氣。確實，退一步想想，誰方便誰養家嘛，有穩定的家庭收入，孩子們也有愛與關懷，人生不就這樣而已嗎？到底有什麼不可以的？

在職場上的美國人，依然很鬆地活著。有一天，和我先生一起工作的同事對他說：「老闆，我找不到工作的意義，想辭職去山上滑一年的雪。」Excuse me! 滑雪這個活動可以連續從事一整年嗎？「找不到工作的意義」大可繼續找啊，不繼續工作下去怎麼找？難道一邊滑下山坡就能悟道？如果滑雪就能悟道，上人是做什麼用的，普天下的上人不都失業了。但事實是，美國人就是這樣子，在社會生活裡，他們大部分對自己都不算嚴格，時時刻刻放自己一馬，心寬體胖。

台灣人在職場裡注重忠誠度、偏好從一而終，若看到履歷表上短時間內更換工作，甚至橫跨許多產業，依我們的標準是扣分居多。在美國職場中，大家當然也偏好對工作有所堅持的人，但美國個人主義至上，有部分人吹捧所謂「探索自己的可能性」，不在Toyota上哭泣，也不在寶馬上落淚，今天當消防員，明天開搬家公司，後天開駕訓班，無論如何一定要開開心心過日子，一點委屈都受不得。

大可批評美國人沒定性，說他們草莓族好像也沒錯，可是每一件事都有多種角度，端看如何詮釋。正因為美國人禁不起委屈，便得生出面對變動環境的勇氣，得具備較多的大方、較多的創意、較多的人際技巧，方能生存下去，說穿了也是一番工夫。這些對於嚮往穩定生活的我來說，吞下所有苦楚、原地忍耐，可能還更容易些。

話又說回來，去山上滑一年雪以後人生會全毀嗎？其實好像也不一定。Nike創辦人年輕時也和普天下所有廢青一樣，畢業後沒有馬上找工作，而是回家向父親借錢去環遊世界。他父親當下沒有手刃兒子，後世才有打了一個勾勾的球鞋可以穿，運動服飾產業也才有了這麼一個不可世出的天才。所以當我們說到人生路上的兢兢業業、一步一腳印，似乎真的不需要無時無刻繃得像弓一樣緊，偶爾給自己停下來休息一下的機會也是好的，再出發時或可飛得更高更遠也不一定。

美國人的輕鬆也來自於所謂的「個人主義」，換句話說，即社會集體放下各種「約定成俗」，甚少說出「你應該怎麼樣」這種句子。

在美國，不可能有人批評「女生沒化妝出門很沒禮貌」，明明就是發明這句話的人最沒有禮貌了，帶著自己親媽生的臉出門有什麼不對？為什麼需要對自己的臉感到羞愧？光想到這句話可能給許多年輕女孩帶來壓力，就覺得實在殘忍得沒必要。在美國，你要化妝、不化妝、女生畫男妝、男生畫鬼妝，都可以。沒傷天也沒害理，不礙著任何人，還換得當事人一整天好心情，我認為非常好。

美國社會對於「什麼人該做什麼事」或「什麼人該長什麼樣子」也沒有嚴格的刻板印象。女兒的一位幼兒園老師時常染各種奇妙的髮色，有一回她將頭髮中分，右邊染全黑，左邊染全白，有點 Lady Gaga 風格，可謂相當「特別」。其實我完全沒放在心上，直至班上一位日本媽媽表示「在日本，幼教老師絕對不可能染這樣的髮型！」時才驚覺，對耶，台灣大概也不太可能，畢竟太不符合大眾對幼教老師的期待了。

但話說回來，我愛這位老師！

我對於幼教老師的期待是什麼？無非是好好愛孩子，看到孩子時眼睛能夠噴射粉紅色愛心，那對我來說就是最棒的老師。如果她染了自己喜歡的髮色來上班會覺得更快樂，有更多愛心和耐心給孩子，我一點也不介意。她想對自己做什麼都可以，想剃光頭我也無所謂，想在手臂刺上櫻木花道的臉我也舉雙手贊成。

和亞洲文化極度不同的是，女兒在那間幼兒園念了兩年，從來沒有家長針對這位教師的造型提出任何一次質疑，大家都不覺得這有什麼問題。老美一般都給他人相當充足的個人空間，少說兩句、多讚美，試著看進對方實質的工作態度和精神，給人多點餘裕，大家都可以活得輕鬆些。

讀到這裡，會不會忍不住想拿直尺敲自己的左手掌，怎麼美國人方方面面都亂七八糟，卻也生活得還可以。為什麼他們可以有不應酬的勇氣？為什麼明明飛機上該有的是空姐，來的卻是空少或是空中老奶奶？為什麼美國媽媽不夜夜陪孩子寫作業？

這裡並不是故意要拿美國人配小米酒，或是全盤否認美國人的努力，而是想藉由聊聊美國人時鬆時緊的生活哲學，讓大家明白，彈性是可以的，偶爾的任性也不會毀滅人生。只要你願意，休息過後，隨時奮發向上，就地回頭便是岸。美國人的一百種鬆提醒了我們，哪有一定要怎樣，生活才可以變怎樣，並提著這個信念，好好生活下去。

PART 2
美國社會潛規則

不能說的祕密

我們家長期光顧的洗衣店老闆娘是位濃妝豔抹的韓裔奶奶，她總是精明能幹、氣焰高漲，彷彿一手能撐起五個失業的老公，另一手同時還能醃泡菜，頂著恨天高捲髮，桃紅色嘴唇一抿就顯神機妙算，手裡做著的是洗衣店工作，心裡住著的卻是FBI幹員。

每次我拎一袋髒衣服上門，門上鈴鐺一響，老闆娘立馬抬頭、鷹眼掃射店門口的車位，確認我開的車種，再上下打量我的衣著，看看和我一同前往的寶寶，並隨手檢視我送洗的衣物種類，然後悠悠地說：「兩個小孩，你家裡還有個幼兒園的女兒。」

肯定句！毫不拖泥帶水。

壓抑心頭的詫異，我故作鎮靜，默默使出絕招台妹有三寶：「嗯嗯，呵呵，您今天可好？」

洗衣店幹員冷哼一聲，接著出招：「先生是商業企畫或業務部門的吧？在英特爾公司上班嗎？你沒上班吧？」

一招三式，來勢洶洶。我還來不及反應，奶奶又步步進逼：「我上次見過你先生，他的穿著是商業部門的人沒錯，做商業企畫工作的收入是多少呢？十五萬？二十萬？二十五萬美金？」

在無法確認前一則情報正確性的情況之下，仍持續向前推進，以戰養戰，不屈不撓，不卑不亢，老闆娘真的是被洗衣耽誤的ＦＢＩ幹員，被神鬼認證過的新聞中心，手拽熨斗，胸懷天下，問一事長一智。不管美國住了多少年，視美國禮教為無物，管他人隱私於無形。你可以掙扎，也可以拒答，奶奶包容你一時，華麗轉身過後，會再一次給你機會滿足她閒來無事的好奇心。

人世間有許多事情，美國洗衣店裡的幹員奶奶能做，不代表一般人也可以做。

在美國，無論是對陌生人還是親友，直挺挺劈頭就問人家的年收入有多少，那可是絕對不行的社交大忌，非常第三世界的不文明行為。不僅是個人收入，其實所有廣義與金錢相關的主題都應盡量避免，尤其當句子的主詞中有「你」或「我」時，對話更將陷入北緯三十八度線般風雨飄搖的境地。

如果真的需要討論金錢相關話題，可以問：「波特蘭地區一般的私校學費大概多少呢？」但不好問：「你家小孩現在上的私校，每個月要付多少學費？」也可以就事論事：「波特蘭西部郊區的平均房價在六十萬美金左右。」而不要說：「我的房子現在價值八十萬美金吧。」

大原則是，盡可能避免金錢帶來的比較心態，也遠離探查個人財務狀況的可能性。安全的做法是將金錢與「人類主詞」徹底切割，語句裡「有錢無人，有人無錢」，兩者老死不相往來為佳。不擅拿捏對話距離的人，最好乾脆永遠避開錢這個話題。倘若真有關於金錢的問題需要請教，Google 就是你不會揍人的最佳好朋友。

再者，健康狀況和身體疾病，在美國也被視為重要的個人隱私，禮貌上是不能問的。例如我家寶貝女兒戴眼鏡，基於我們對她的強烈保護欲，我從不對外說明她的情況，但遠在台灣的親友卻十分關心，即便只是戴眼鏡這種在台灣尋常無比的事，遠房親戚仍頻頻詢問，造成了不少困擾。

反觀我們在美國，日常生活中從不曾被問過，老美再怎麼想知道也會忍住不問出口，這種不說破的溫柔是美國式的禮貌。更常收到的美式善意是，每當遇見店員、服務生、同學媽媽、公司同事，時常聽到他們稱讚女兒：「我喜歡妳的眼鏡！妳戴眼鏡真是非常好看！」說起此話的語氣之輕巧，彷彿看見妳剪了新髮型時的驚豔，既體貼又溫暖，而且平平淡淡的一句話中，同時蘊藏了多種層次的理解與關懷。身為媽媽的我每次聽到對方這麼說，都很想衝上前擁抱對方，感謝他對健康隱私的不聞不問、視而不見，也感謝對方希望孩子心裡舒服、希望孩子更滿意自己的那一份心。

美國文化裡，面對眼睛看得到的身體疾病，在提供適當幫助以外，最有禮貌的應對方式就是裝作什麼都沒看見，你與我與他都毫無不同，無差別對待是表示尊重的小貼心，嘴上不說的關懷才更是關懷。在這點上，我確實很喜歡美國人這項說話習慣。

另一方面，政治、宗教和種族是最好不要談的話題，此放諸四海皆準的談話原則，在美國同樣適用。如同在台灣討論省籍情結這類敏感話題一樣，一旦提出，保證對話現場會以極凍速率瞬間冰凍三尺、抬頭求救也沒有神明，除非極欲體驗一片荒蕪帶來的刺痛快感，不然當然是少聊為妙。

有什麼話題是在我們的文化中可說，但在美國真的不要談的呢？答案就是「胖」。

在我們的文化裡面，親人朋友之間，佐以適當的語氣和聲調，在空氣中添加一點輕鬆的氛圍，稍稍「提點」一下別人的身材，似乎不是什麼太了不起的禁忌，我們甚至常常聽見台灣媽媽對正在廚房偷捏菜的女兒說：「已經夠胖了，不要再吃啦！再吃變胖豬了。」但在美國，你真的不會聽到媽媽如此直白地評論孩子的身材。即便真的胖了一百公斤，你很想阻止他繼續吃炸雞、洋芋片，話到了嘴邊，忍無可忍，還是必須要忍，一定要吞下去，萬萬不可說出口。

在美國，評論別人的身材是相當要不得的事，不只對方暴怒，你也會立即被歸類為不厚道之人，得不償失，不如不講來得好。這也讓人不禁疑惑，為什麼自信爆棚的美國人這麼不能接受與身材相關的話題呢？依我這異鄉人看來，這就是一種「被說中」的心情。其實老美也知道自己可以更瘦，不需要別人戳破，但努力可能做得到不表示一定會起身去努力，說出來只是更尷尬而已，該胖的，終究一個都不會少。美國文化總歸是大家相互稱讚好棒棒的文化，所以不管操持的語調如何輕薄短小，任何說出「美國人好胖」、「你變胖了」此一不能說的祕密者，都很難得到友善的回應。

最後，與美國人的對談之中，並非「不能說」而是「不好說」的，是一種「被動消極、無法改善的狀態」，他們沒辦法忍受任何「絕路一條」的窘境，會坐立難安、很不舒服。

具體說明，台灣人有句話說「萬般皆是命，半點不由人」，像我母親對這種發言方式就很能接受，她會頻頻點頭贊同，表示人生就是命中注定，幾時要中樂透，幾時要被雷劈到，幾時會考上台大電機，統統都是上天決定的，和渺小的你我無關，我們無力回天，理當乖乖認命。但你今天如果對一群美國人說：「你們萬胖皆是命啦！」他們絕對馬上群起而攻之。

又或者你說：「我又老又病又失業，外頭欠債一百萬，人生無望。」面對悲情，聽者如果是台灣人，會溫柔地安慰你，與你同悲，一起認命，然後再手牽手去廟裡祈福轉運；聽者如果是德國人，他們會表達理解你的傷心，靜靜陪伴你度過這段心碎時光；今天聽者倘若是美國人，受不了低迷氛圍的他們會馬上企圖從迷霧之中竄出，握住你的手，告訴你可以這樣、可以那樣，天無絕人之路，讓我們一起擊敗這糟糕的狀況，「Yes, we can」，非常美國隊長。因此如果體察美國文化，了然於心，請體諒老美無法接收任何絕望的感覺、將個人難處放在心底，「看起來很快樂」，會更容易在美國文化之中悠遊自在。

說話之道其實也是處世之道。明白箇中奧義，對該說的人說該說的話，並更進一步把話說得輕巧漂亮，有技巧、有高度，是邁向國際化的第一步。但如果在聽懂所有美國人的邏輯之後，仍然不想走他們的路，拒絕遵循他們的潛規則，那麼就微笑、拍手好了。人世間所有的掌聲，在老美耳裡聽來都是恰到好處的禮貌，你很快就會發現，他們絕對會義無反顧地接受。

愈表達愈禮貌

我個人覺得要進入一個新的文化，最困難的一部分是面對家門外的生活，「不知道該如何反應」才得體。很擔心失禮，卻經常不知道該怎麼做，應對進退之間，無法拿捏。

在台灣，我們知道如何當個有家教的文明人——大人講話時，小孩子不要插嘴；見到長輩要趕快叫人；長輩還沒動筷子之前，晚輩不能先吃；聊天時盡量不要直接否決對方，以免尷尬；和朋友聚餐別忘了搶一下帳單。美國沒有搶帳單文化，大嬸如我總是好生不安，到了結帳的關鍵時刻，我到底該怎麼做才能表示禮貌呢？

由於我生長於台灣，成年後才登陸美國，所以對我來說，這是個恆久需要克服的課題，而截至目前為止，我生活在美國文化裡習得的「有禮貌」準則是，凡事都「適切地用言語表達」。在這之中，「表達」更是重點所在，任何事情只要好好說明，在美國幾乎都是有禮貌的。而且「說明」比「暗示」更佳；不要「意會」，要「言傳」。

就上述朋友一起外出用餐的情況，你可以直接說：「我們請店員將帳單拆開吧。」表示這次我們各付各的；或者和對方說：「這次由我來吧。」表示這次你很樂於請客，此時對方可以表示他也有想請客的念頭，不過既然你先說了，這次由你請，下次就讓他負責，接著簡單說聲謝謝即可。在說話直接的美國文化中，人與人的對話往往沒有太多弦外之音，不需要多想。如果對方樂於買單，那麼他就是真的樂意，你大方給他出錢的機會，他絕對不會事後嫌棄你貪小便宜。一旦習慣了這種牛仔直白的說話方式，就會逐漸體會這種不經大腦風格的好，一切都簡單起來。

說到沒有弦外之音，不得不提及美國人送孩子生日禮物的模式。在美國，小朋友過生日時會收到來自四面八方的禮物，送禮物的人當然希望送進對方心坎，於是會事先詢問孩子的母親小朋友喜歡什麼，樂高好不好？星際大戰如何？或是冰雪奇緣她喜歡嗎？同時也問問孩子家裡已經有什麼，避免買到重複的。對買禮物的人而言，這是一種方便，也顯示了對孩子的用心，表示禮物並非隨便買買。

在台灣文化的脈絡下，這便有點行不通了，因為我們從小受的教育是絕對不能向人家要東西，尤其忌諱口頭直接告訴別人，「我喜歡這個、我不喜歡那個」更是厚臉皮兼沒禮貌的行為，萬萬不可。於是，事情到了吾友台灣蔡小姐身上，便也是這般無所措其手足。

我請教她送什麼給她兒子當生日禮物比較好，她支支吾吾、猶豫再三，最後還是不肯跟我講。我只好買了基本樂高一箱，結果弟弟已經有了，讓我完全想哭。蔡小姐還說我都去他們家那麼多次了，竟然沒看到。我確實去了她家大概一百多次，但每次去的重點都是她家的咖啡機，從沒看過小孩的玩具一眼。所以嘛，為什麼要玩弄我的心智？直接告訴我答案不是很好嗎？仰天長嘯之餘，我也理解這就是我們台灣人含蓄客氣的文化，無論再怎麼熟，永遠不好意思直接開口，也決定以後她兒子生日乾脆直接包紅包，每年生日都當八十大壽模式恭賀。

我妹有次聊天中提到：「我的小孩去別人家裡，絕對不能和人家討東西吃，多麼失禮。」其實我家常有小朋友來訪，美國小朋友下課來我們家玩，十次裡大概有八次一進門便大聲宣布肚子很餓，我就得趕快上菜，用水果、麵包和點心填飽他們。即便時常如此，我依舊很歡迎他們來家裡玩，我既然邀請人家，便不怕客人吃，反倒希望他們告訴我需求，我很樂於滿足他們，希望他們能夠盡興。讓小客人在我的屋簷底下餓肚子，那才是真的失禮吧！

美國人的邏輯大抵也是如此。在老美的文化中，表達出肚子餓、想吃東西是完全沒問題的，可能是美國人富裕已久，這點小事並不會被詮釋成貪小便宜，重點在於「ask nicely」，好好地說，有禮貌地表達。「徐媽媽，我肚子餓了，請問我是不是可以吃點東西？」這樣便合宜又完美。再一次說明了適切表達自己即為美國式的禮貌是也。

另外，許多時候，亞洲人的低頭不語其實是一種害羞的表現，或者也可以詮釋為一種不相互打擾的溫柔，可是其他文化的人卻不見得能夠理解這種默契，只覺得「奇怪怎麼不理我」。不只是美國，我想許多西方國家皆是如此，都習慣於「不把人當作空氣」。

舉例來說，如果進入一家店，有位店員坐在那裡，而你只想隨意逛逛，走進去的瞬間，在亞洲文化裡的你可能什麼都不必說，店員會主動招呼客人「歡迎光臨！」但在西方社會裡，如同你到了人家家裡一樣，進去時必須主動說一聲「你好」才是有禮貌的表現，即便最後什麼都不買，離開時輕輕向店員說聲「謝謝」也是表達善意的好方法。將此觀念擴及生活，無論身在何方，電梯裡也好，擦肩而過也罷，即便對方是陌生人，四目相對後接著微笑致意，輕聲問好，大方用肢體語言體察彼此的存在，這才是美國人能夠理解的友善。

平心而論，跨越語言、文化的自我表達，是件相當困難且複雜的事情。

我有位朋友是日本人，她不久前生了個寶寶。我告訴她，如果她臨時生產了，有需要的話，我可以替她照顧家裡的小哥哥，讓她先生專心陪產。她對我說謝謝，很感激我願意伸出援手，我想這便算是說好了吧。之後我數著日子，做好接待小朋友來我家過夜的各種準備，等待著她產兆來臨的那一天。直至某天早晨，我在路上遇見她的日籍友人幫忙接送她的大兒子，才明白原來她並不需要我的幫助。她不需要我，卻沒能直接告訴我，讓我白麻煩了一場。

我想是我錯過了隱藏版的日式信號，所以沒能理解她的原意。其實她大可直接說不需要幫忙，我一點也不會失落，她卻沒說，這在美國是很容易引來誤會的，說好的事情，最後卻完全不是這麼回事，徒留我一頭霧水。

可是我畢竟生長於台灣，相當理解日本人有話絕對不會直接說的文化，說不定她在對話中的某處已經禮貌地拒絕我了，只是我沒能聽懂，才造成了這一場誤解。我明白，所以我不生氣，若換作其他在美國文化裡的人，可就絕對不會這麼想了。

我們各自文化中所攜帶的「溫柔含蓄」，漂洋過海後，很可能反倒成了沒有禮貌的行事方式，這就是為什麼我們都要試著理解文化差異，並勇於鬆動原生文化的根基去適應環境。無論本來的魅力多寡，如果懂得清楚地將禮貌用語言表達出來，倍增的魅力絕對跨越文化和國籍！

那天我和女兒在公園散步，有個金髮男生玩著滑板快速從我們身邊經過，經過時不小心嚇了女兒一跳，他迅速折返並對我們說：「剛剛太接近你們了，很抱歉！希望沒有嚇著這位小妹妹才好。祝你們接下來有愉快的一天。」多麼輕巧的一句話啊！無須把善意藏在心中，選擇在適當的時候以適當的語氣說出來，立即顯得有教養，徹底變身威廉王子。

我覺得不管我們來自哪個文化，都可以表現出這般進退得宜的禮貌，而一旦做到，旋即散發濃濃紳士風度，顯得魅力四射。如此氣質，任誰都會想擁有啊。

晚上不要去公園

不久前我帶兩個孩子返台探親，在那次之前，我已經長達四年沒回台灣了，有些生活上的小地方著實感覺陌生，時常反應不過來。

有天晚上，全家一起去吃日本料理，酒足飯飽後，大家一起散步回家。夜晚的台灣終於火氣退散，微風輕撫，家人伴隨左右，幸福非常。走著走著我遠遠看到轉角處有座小公園，下意識反射動作便是牽起孩子們的手，準備穿過馬路，走去對面離公園較遠的那一側人行道。家人見狀問我為什麼要過去對面，我說：「夜晚的公園多危險呀，帶著小孩還是走遠點比較好。」我妹馬上說：「妳是外國人啊？台灣的公園一點都不危險好嗎？」

隨著我們愈走愈近，這確實提醒了我夜晚的台灣根本是康乾之治、太平盛世來著。小小的公園裡，大家乘著涼風一起運動，小朋友盪鞦韆，伯伯打太極，如果你真的感覺有點危險，那也是阿姨們跳廣場舞時揮舞扇子噴射出來的氣場，總之一切平安、大家快樂。這座歌舞昇平的小公園成了我心中台灣治安的象徵，清楚告訴你在這個可愛小島上生活可以多麼美、多麼好，步伐可以多麼輕巧，勾起你對家鄉深刻的眷戀。

在美國，晚上去公園可不是好主意，夜晚的公園是遊民的地盤，有些危險，晚上沒事別靠近。其實差異不只公園而已，美國的都市和城鄉樣貌與亞洲不一樣，所以生活起來方式不同，安全程度也不同。亞洲的夜晚燈火通明，到處都是人，所有白天的活動，夜晚照樣進行；在美國則取決於你身處何地，亞洲式車水馬龍的夜晚只在大都會才有，其餘地區一到了晚上，一片黑壓壓，店家全都關門休息，沒什麼太具體的商業活動，此時外出走夜路就成了件挺危險的事。

美國的樣貌大體是這樣的：一級大都會像紐約市區、芝加哥市區等，市中心都有一部分地區蓋滿參天高樓，身處其中抬頭往往快看不見天空，這類區域多以商業辦公大樓為主，一旦入夜，人去樓空，人少處就可能有遊民、罪犯，不安全。市區內其他區域則是類似亞洲的住商混雜模式，入夜之後，熱鬧依舊，至於安全與否，取決於你所在區域是所謂的「好區」還是「壞區」。

總的來說，大城市的治安比較差，犯罪最密集的地方往往都是大都會中心裡的特定區域，例如可怕的芝加哥南區。另外，高速公路旁、陸橋下、夜晚的公園，都不大安全，搶劫和偷竊皆有。路旁躺著遊民、身邊走過用藥過度的「活死人」，在某些路段也算稀鬆平常。上述這些都是美國大都會裡的常見景象，若非熟悉環境的當地人，外地人進城都需要小心，事前多加了解，避開治安不好的地帶，安全第一。

以台灣人的習慣來說，避免落單是安全的第一步，但在美國，即使一群人一起出門也不見得安全。曾經有一群台灣朋友來美，晚上打算出門逛街，心想一群大男生不會有什麼問題，沒想到遇上兩位持槍歹徒，所有人直接牆邊排排站，東西交出來，歹徒很快打完收工，搶好搶滿真方便，今晚搶完這批台灣人就可以直接搭地鐵回家抱老婆。美國是個有槍的地方，這一點和台灣大不相同，需要放在心上。

出了大都會，都市旁邊衛星區域的地貌為之一變。常在好萊塢電影裡看到小男童早晨騎腳踏車送報紙的那種乾淨郊區，馬路兩旁有漂亮的人行道，一戶戶美麗大房屋前綠油油的草皮上撒著薄薄的水，確實就是美國都市近郊住宅區大致的模樣。居住在像這樣的住宅區內，人口密度低，家庭收入有一定水平，一條街上的鄰居就那麼幾戶，無論白天或黑夜，都算安全。當然，郊區同樣也有區域好壞的問題，同樣是住宅區，壞區犯罪率明顯增高，環境髒亂，居民教育水準低落。不過，最最不安全的區域很多時候都落在市中心，大眾運輸工具到得了的範圍內，外圍區域相對好一點。

台灣城市的樣貌是住商混合，貧富階級居住的區域沒有非常明確的界線，超級豪宅時常和一般人家比鄰而居，「富人區」的治安和其他區域也沒有大差異，美國則不然。美國的所謂「好區」和「壞區」、「富人區」和「窮人區」，治安可說有天淵之別。基本上，大型都會區的治安比小型城市或郊區差，郊區的治安一般來說比較好，尤以收入高的中產以上家庭群聚之住宅區，治安更是最好。

好到什麼程度呢？某些高級住宅區附近已經達到「路不拾遺，夜不閉戶」的標準，小朋友自由自在在家門口玩耍，不用擔心安全問題；在附近咖啡館內休憩，手機、電腦、名牌包包任意放置在桌上，不須看管；人身財物之安全程度讓你有天下太平的錯覺。住在悠閒富人區的居民，生活姿態閒適、放鬆、沒有戒心、東西隨手亂放，常讓我這台灣人備感不安，覺得不用注意點嗎？哪裡怪怪的，總之很不習慣。

為什麼區域治安的差異那麼大呢？原因當然很多，在信奉極端資本主義的美國，其中一個關鍵因素是「錢」，好區、壞區其實就是按「錢」分的。

我們會想，治安不好的區域，理當派駐更多警力維持當地人民的安危，可是現實狀況並非如此。富裕地區繳交的地產稅遠遠多於貧窮區域，而在美國，繳出去的地產稅只能用於稅收當地的公共開支，也就是說，「在哪裡收入就在哪裡支出」，好區收到的稅金多，可支配所得也多，就可以雇用更多警力維護當地居民的安全，警力配備也會比較好，可想而知治安不會太差；同時，地產稅的稅金也用於當地教育，提供當地孩童更好的學習環境，讓孩子們留在學校，避免學壞、誤入歧途。

如此一來，不難想像若是經濟差的所謂壞區，家庭能夠提供的資源已經很少，再加上公立學校教育資源又顯薄弱，導致孩童就學率偏低，小小年紀就在街頭混日子、在同儕之間尋求認同，走上犯罪不歸路機率非常高，結果是社會問題代代相傳，造就很難翻身向上的「低端階級」。

整體來說，美國治安確實不好。這個事實也反映出美國貧富差距巨大、階級翻轉的困難甚鉅，形成沉重的社會包袱。

另一方面，美國社會由多元種族、多元文化組成，也是治安不佳的因素之一。有色人種在距今不遠的二十世紀六〇年代尚面臨種族歧視、種族隔離的打擊，縱使幾十個春秋過去，法規改變了，人心稍微平等了，但全面提升有色人種的教育水準、職業屬性和結構，依然是巨大的挑戰，於是乎仍有「黑人區等於壞區」的看法。我想這刻板印象也不完全錯誤，而且這個狀態一時半刻之間很難改善。

與此同時，美國是個移民的大熔爐，所謂的「美國人」是由世界各地的人共同組成，這名詞本身就很有「流動感」，屬於浮動意念，自然而然也讓生活在這片土地上的人同質性偏低，價值觀和道德觀念相去甚大，相互理解不易。再加上自由奔放的個人主義常駐心中，讓美國變成一個毫無秩序感的地方，說非常活力四射沒錯，但也充分亂七八糟，特別難管。

亂七八糟、顛三倒四的美國，是真實的美國，令人不太滿意；千頭萬緒、雜亂無章的美國，也是美國；包羅萬象、應有盡有的美國，還是美國；生意盎然、朝氣蓬勃的美國，那更是美國。有歡笑便有淚水，世上本沒有完美烏托邦。美國既能迷倒你，便也能嚇壞你。如同世間所有橫著走的壞男人們，美國的吸引力中帶有很多缺陷、很多不完美、很多危險，但仍讓人目眩神迷、飛蛾撲火，只不過長期和美國這個壞東西交手是否有益身心健康與人身安全，那就見仁見智了。

誰是有錢人？

所有來美國旅遊過的人都會發現，比起台北市，美國是一個ＬＶ很少的地方。在台北信義區街頭站十分鐘看到的名牌包數量，遠大於在波特蘭市中心街頭站一整個周末。

ＬＶ現象在台灣都會區的辦公室裡尤其明顯，年輕ＯＬ幾乎人手一個名牌包，讓人對奢侈品的存在習以為常，彷彿得有個人人均可辨識的品牌在身上，才配得上這明亮高級的辦公大樓。

追求奢華嗎？我覺得倒不見得。更多時候，名牌包之於女人是一種防衛性武器，一種社交性的防身噴霧。在都市叢林中穿梭，與其說嚮往名牌上身的快感，倒不如說是偏好走在街上能受到良好對待，坐到生意桌上能夠不被輕視、能夠被傾聽、能夠有機會發揮所長的媒介，是種工具。台灣都市裡的女人手提名牌包，是感覺山雨欲來之際的提前帶傘，是颱風還沒到就備好的乾電池，想要的其實是安全感。

美國人什麼沒有，安全感全世界最多；美國人自信爆表，堆起來大概台北一〇一那麼高。體重一百公斤在老美眼中不過四十八，ＸＸＬ號翻譯成美語就是Ｍ號。㚫就是自體發光ＬＶ，㚫揹上包，那是包的福氣，包點了光明燈，包必須報恩。ＬＶ想沾㚫的光，㚫還不一定願意咧。

或許太誇張，我要說的是，美國人對自身的存在有超乎常人的滿意度，照起鏡子都有美若舒淇的即視感，不需要傾家蕩產武裝自己才會感覺有自信，每天起床都自帶女神光的老美們，哪還需要提ＬＶ？

社會就是那麼一回事，大家都不補習的話，你也不會感覺需要送孩子去補習；街上看不到名牌，名牌就激不起你心中的漣漪。

美國社會大體就是這種感覺，並非沒有人打扮得高貴精緻，而是密度低、不常見到，可有可無。而且如果你穿著整齊體面，但身上一件顯著的標籤都沒有，踏入高級飯店仍能獲得優質服務，就會覺得名牌的功用降低了。原來身上有名牌的我，和身上沒名牌的我，其實都一樣，價值絲毫沒有變化。在美國，倘若有個所謂的「場合」，美國人的直覺反應可能會穿上一件熨燙平整的白色襯衫，卻不一定會肩揹一只香奈兒，這可說是明顯的台美文化差異。

對於現代美國人而言，「穿著整齊漂亮上街購物」已是舊時代的事情，他們不太會為了逛百貨公司，特別打扮給專櫃小姐看。如果要說去哪兒一定會特別打扮的話，大概只有教堂了吧，妝扮外貌這份自重，僅剩上帝可以擁有。

換句話說，我們很難從衣著服飾的字裡行間，讀出美國人的社會階級。很多時候，他們甚至故意避免從衣著中發射出能夠一眼識別的符號，略過雙C、藏住LV，外顯樸實。我先生上回在工作場合和公司董事們餐敘，與會者個個事業成功、傲視矽谷，但仔細瞧瞧，沒有人戴百達翡麗之類的歐洲名錶，手上清一色Apple Watch，除了可以裝年輕，也方便查看電子郵件。在這個Google一秒查身家的年代裡，有成就的人自然不需要彰顯，反正路上誰手機按按滑滑都可以知道的嘛，什麼百達翡麗之類的，留給有洗錢需求的人去買吧。

如果從包包、手錶看不出一個人的社會階級，當我們想展現內心深處的勢利眼，想欺善怕惡一番時，該看哪裡好呢？看他們開什麼車嗎？這就是麻煩的所在，美國有錢人不一定會開比較貴的車，或許有些好萊塢小屁孩會以超跑炫耀自身財富，但廣大的一般人真的不一定。不僅如此，真正的有錢人還很樂於裝窮，李奧納多開的是Toyota油電混合車，臉書創辦人馬克祖克伯除了千萬超跑，平時也開Honda Fit，虛虛實實，玩弄你的心，車價和身家不見得成比例。美國人也比較沒有「開一臺好車讓人家瞧得起」的想法，汽車對大多數人來說還是代步功能居多，很難當作判斷財富的依據。

我先生的同事某天忽然覺得自己面臨中年危機，找不到身為男人的意義，決定買一架瑪莎拉蒂讓自己重拾生活的希望，自此好一陣子成為茶水間美式笑話的主角。說笑話之餘，大家都覺得這樣很好，喜歡什麼、覺得開心，就趕快去買。這個故事顯示了美國人對其他人買名車的反應，男生們可能有一點點羨慕，但大體上沒什麼太大反應，除了又找到題材能說笑話，不卑也不亢，彷彿人家買的是一棵超貴的青江菜，勾不起自卑、也勾不起自傲，就是件沒什麼大不了的事。

但是！美國的有錢人肯定住在所謂的「好區」。

「好區」代表著出入安全、孩子上學的好學區和好鄰居，對於地球上任何一個家庭，都是很重要的事情。你可以穿著亮麗、拽個包包，開車橫跨好多區去商場購物，但住家地址的郵遞區號才是反映財富階級的重要指標。除了房價是巨大的門檻，每年針對房屋所課的房產稅同樣足以阻擋許多人。房產稅率根據所在位置課房產實際價格的一%到三%不等，亦即一棟五十萬美金的房子，每年需要繳交約一萬美金左右的稅金，非常驚人，無力負擔的人自然會移動至房價和稅率比較平易近人的區域，因此在美國，住址絕對是財富指標。

此外，具有同樣財富的亞洲人和美國人，後者通常會花比較多的錢在打點房子上。比起台灣人，美國人很重視生活起居的舒適，會在能力範圍內將生活環境打造成最滿意的狀態，比較有意願購入昂貴舒服的高級沙發，或把每間小孩房都打造成孩子最想要的樣子，公主房、蜘蛛人房、芝加哥公牛隊房，想要樹屋樣式的床嗎？沒問題！房間想有一頂帳篷？當然好。

富裕的美國人家裡也常有多媒體影音室、酒窖、主廚等級廚房，室外有游泳池、籃球框，後院有可以圍爐聊天的大火爐，這些都是美國人會花錢的地方，其中的邏輯就是追求極度舒適，身體一點都不吃苦，非常老美。在亞洲，我們可能會察覺有些人手戴大鑽戒，家中座椅卻是平價的ＩＫＥＡ。這在美國人身上幾乎不太發生，美國人如果手戴大鑽戒，住家八成也是框金包銀；如果家裡擺設平價而實際，穿著打扮大多也樸實。這一點反映出亞洲和美國文化上很大的不同。

另一方面，真正富裕的美國人會把財富反映在生活的便利、舒適、開心和「一點都不節省」上，活得非常「鬆」。他們會花錢在許多一次性的消費上，例如小孩的慶生派對，宴請眾家小朋友，只為了讓自家孩子高興，逢年過節，家門口的節慶裝飾毫不手軟，例如在聖誕節期間無懼昂貴的包工費用，請專業工人爬上屋頂架設造型燈飾，節日過了再花另一筆費用請工人把燈飾拆掉，一來一往，花掉不少我們亞洲人八成不會花的錢。

另外，美國人的炫富更在球場上。如果能夠負擔NBA前排坐席門票，一家大小穿著球衣一起去看球，那肯定要馬上拍照、放上臉書炫耀一番。一晚上花掉一大筆錢，這在美國是一等一炫富技，朋友羨慕的回應絕對會如雪片般飛來。

大體來說，美國人身上不需要一眼即可識別的符號去告訴其他人「我很有價值」。正因他們不這麼追求，我們在「看人」的時候，往往不易一眼看穿。

當然，美國人也是人，在極度「舒適」的生活外，也需要感覺到自身的優越，他們會將這種需求相對低調地反映出來。公司老闆或許開很普通的 Acura 房車，但他會告訴你，今年暑假為了讓孩子練習西班牙文，全家要去西班牙待上兩個月。

生活富裕的美國人會送孩子上穿制服的私立學校；會去 Whole Foods 買菜，表明重視有機飲食；會固定上健身房，認真運動，維持體態；也會在家裡小客廳的茶几上擺幾本《經濟學人》、《哈佛商業評論》，開口閉口中美貿易戰。他們努力圈起隱形的文化資本，以文化菁英主義的方式展現優越，相對隱晦，卻非常排他。美式資本主義的盡頭，是藏起金錢的記號，展示出更高的門檻，好比教育、健康和隨心所欲的自由。其中的任何一項，無疑都比ＬＶ包包更值得擁有。

生活中的資本主義

女兒的幼兒園每年都會進行寒冬送暖活動，今年也不例外。今年舉行的活動叫做「罐頭食物專車」，呼籲小朋友們把家中食物儲藏櫃裡的罐頭拿出來，捐給弱勢家庭，大家齊心協力幫助有需要的人，讓所有人在大冬天裡都能吃飽。

活動立意良善，身為家長，我們當然樂意支持，準備了各種玉米罐頭、濃湯罐頭、火腿罐頭等，讓女兒帶去學校共襄盛舉。原以為事情就此告一段落，沒想到當天放學之後，女兒依然在食物儲藏室裡東翻西找。我忍不住問她在做什麼，她說需要更多更多罐頭，因為老師把每個人各自捐了多少罐頭記錄下來，公布在門上，並和全班約好等活動結束之後，捐最多罐頭的人可以得到一支冰棒當作第一名的獎勵，為了不落人後，她得捐更多，看來如果戰況激烈、情勢嚴峻，我們恐怕必須去一趟超市，補貨一番，買更多罐頭讓她帶去學校捐了。

捐助弱勢的活動演變成白熱化的捐罐頭競賽，而且還是實名制，這是否有點那個？似乎令人不舒服，但又說不上哪裡有問題，說實在的，我不確定該怎麼想比較好。

結果，這個活動後來在沒有絲毫雜音的情況下順利進行，班上共同捐了非常多罐頭，幫助了比預期之中更多的弱勢家庭。總的來說，辦得非常成功，用非常美式的方式，獲得了非常美式的成功。既然是做好事，罐頭數量當然愈多愈好，對於美國人來說，這整件事情再單純不過——用什麼方法可以得到最大效益，就那樣做。

美國人說：「Keep your eyes on the price.」，眼睛要放在目標上，目標放在心上，其餘雜音或挫折感都不重要。就這次的食物罐頭募集活動來說，成長於台灣文化的我覺得，如果公布數量，是否會激起孩子們不必要的競爭心態，甚至勾起家庭經濟狀況的比較，對於僅是幼兒園年紀的孩子真的好嗎？但很明顯地，在美國人的眼皮底下，沒什麼不好，最後罐頭募到了，弱勢家庭收到幫助，大家開開心心，如此而已。只有我這顆不愛比較的亞洲玻璃心，自己在家胡思亂想，想多了。

所有生活在美國文化底下的人，都已經習慣了資本主義下的各種競爭，美國人真的一點也不會感覺受傷。捐的罐頭少，那只是我們家櫃子裡就只有那麼多，有機會想捐就多捐點，沒機會就少捐點，一點都不傷自尊心。即使你捐了世界上第一多的罐頭，也可能只是家裡剛好上禮拜買了 Costco 家庭號大包裝罷了，沒人會把你家孩子投射成美版郭台銘。

那麼，孩子之間的比較心態呢？老美一般而言覺得事小，就比吧，又如何？媽媽我有的就這麼多，想捐更多的話，可以靠自己的能力賺更多的錢。我就藉此機會告訴女兒，幫助他人的先決條件是自身的經濟能力，如果有心想進一步救助更多人，或者她的動機僅僅是想贏，那也不是問題，可以選擇打工、做家事賺取零用金，但想從媽媽這裡得到更多「白吃的午餐」，天上降下免費罐頭，答案是「沒有這回事」。

我們都希望孩子的日子可以過得盡量遠離銅臭，但是資本主義降臨校園，在美國一點也不稀奇，尤以資金長期短缺的公立小學最為明顯。因為缺錢，所以必須掙錢。掙錢最直覺的想法就是向家長募資，畢竟錢也是花在孩子身上，相當合理。除了公開請家長捐錢給學校這個第一步驟之外，還有什麼辦法可以募更多呢？辦法就是表揚、鼓勵和刺激，捐款最多的同學可以在全校集會時得到各種獎品，獎好獎滿，甚至在眾人面前乘坐校車繞校園一圈，讓全校行注目禮，極致張揚，非常戲劇化。

你說這種程度總該有家長說話了吧，用金錢換獎狀這樣對嗎？難道不影響孩子的心理發展嗎？這位太太如果妳感到任何不舒服，我們很遺憾，但學校需要新的操場跑道，你家小孩也使用的那個跑道。如果你能提出其他既可以讓孩子們添購新跑道，又可以健全他們心靈發展，還能萌生禪意的方法，校方非常樂於接受，但在那之前，我們認為，所有能夠幫助解決跑道問題的人，都有資格獲得表揚。現實、效率、直搗重點，是為美國人生活中的資本主義信條。

永遠需要錢，因此永遠需要賺錢。此一想法在美國屬於天經地義，所以雖然討人厭，但是每一年所有最最有名的美國大學裡，都有一定數量的新生，是靠著家族對大學的慷慨餽贈而獲得入學資格。大學接受了他們，同時接受了他們為學校帶來的巨大人脈和金流，人脈帶來聲望，現金用以經營學術、照顧學者，巧婦難為無米之炊，教授追逐諾貝爾獎也需要金錢支持，一切都是現實的考量，無關人情，純粹生意。想維持哈佛一直是哈佛，穩穩站在巔峰上，資本即是轉輪，沒有更好的辦法。牢牢抓住這中心思想，就是美國人。

就如我們多半認同看演唱會時，搖滾區票價理應比較貴的道理，美國人也同意各種方便、各種舒適、各種省時和省力都是用錢買的，所以迪士尼樂園有快速通關票券，讓金錢帶領你穿越等待的人群。在我看來挺讓人不舒服，但是金錢讓美國宇宙運轉，人家家裡也有小孩要養，一切都是美國式的合情合理、名正言順，其中邏輯和自成一格的道理，在美帝國度生活久了也就習慣了，甚至還會被洗腦得微微有點認同。

諷刺的是，美國不是最愛說「人生而平等」嗎？這就是最令人玩味的所在。美國人非常認同金錢的功用，直視它、面對它、至死不肯放下它，但在他們眼裡，人和他們擁有的金錢並不那麼緊緊貼合在一起。意思是說，金錢造成的階級感沒有那麼重。人就是人，是平等的，如果你有錢，有房有車有方便，那麼恭喜你；反觀我沒有錢，那就沒有，不代表我就屈居於人下，這就是老美的想法。

所以即便爭議，美國人終究不興大鍋飯，不做聯考、不辦健保、不追求人人可以「公平地」都有獎。美國人爭辯把有錢人的錢拿去給窮人，是件公平的事情嗎？那麼拿走多少叫做公平呢？一萬、兩萬還是五萬？見仁見智，此事永遠無解。老美共同在乎的是環境和法規上的公平、公正和公開，有一個開放公平的競技場能打一場有運動家精神的比賽，讓所有選手靠自己賺取所需，才是美式公平。

我相當理解為什麼世界上有許多其他文化無法忍受美國人。美國文化是如此粗魯直白、不加修飾，它所鼓吹的野蠻資本主義、血淋淋的競爭，以及所謂「貪心絕對是好事」、「野心都該被鼓勵」的觀念，勢必刺痛很多其他含蓄又纖細的文明。即使我們家在美國住了那麼久，每次幼兒園園長哭得一把鼻涕、一把眼淚地訴說愛孩子至深，接著轉身一秒鐘就掛上會計師嘴臉收學費的時候，我還是感覺挺受傷的，還是會想拿炸彈丟她頭。

不知道這是否代表我不是美國人，我的確不是，身、心、護照都不是。倘若得變得現實、冷酷、漠視內心對人人有健康保險的渴望，才能成為真正的美國人的話，那我想我此生應該做不到了吧。

看醫生是一場奇幻之旅

我家寶寶周末持續發高燒，太平洋彼端的外公和外婆心急如焚，不停質問哪裡來的黑心父母，怎麼還沒帶去看醫生。這種時刻，台灣爺奶通常按捺不住，第一時間衝破小兒科診所鐵門，孫兒才一餐吃不下就要求醫生看看能不能吊點滴。台灣的孫，都是寶貝金孫；台灣的人命，是框金又包銀。嬌貴的台灣身軀來到美國，變成看天吃飯，隨時隨地感受「自然好」的韻律，體會生命中本就蘊含的春夏秋冬、起承轉合，什麼時候該病、什麼時候該好，都終有時，如果心急想確定何時病癒，回家問一下美國筆仙也不啻是個選項。

在美國看醫生的方式和台灣不太一樣，通常每個大人和小孩都有固定的醫師，大人通常是家醫科醫師，小朋友則是伴隨孩子一起長大的小兒科醫師。我兒子的醫師甚至他出生時就在場，因而對孩子的健康狀況可謂瞭若指掌。

在台灣，當小朋友生病了，一定是二話不說直接載去診所，醫生會就症狀當場診斷並開藥。基本上看醫生一定會有藥，差別可能在於這家診所的藥效比較強烈、那家可能輕微些，如此而已，由於台灣長輩們往往很重視看病的成效，時常叮囑醫師希望「趕快好」，醫師害怕被爺奶手刃，迫於威勢之下，時常會把藥開得重些，盡量不讓病情拖太久，以策醫師自身生命安全。

在美國，同樣生病，第一時間的處理方式一定是在家休息、觀察病情，記錄溫度和症狀，有沒有咳嗽、流鼻涕、發疹子等，接著再判斷需不需要去診所看病。如果覺得不安心，可以打電話去診所諮詢專業護理師，他們會在電話裡提供適當的照護方式，甚至幫忙判斷是否需要進診所。如果確實有需要，就會約一個醫師有空的時段，在那個時段去診所報到。

說到這裡就知道，美國的看診方式為約診制，也就是說好了才能來，再怎麼心急想破鐵門也不行。雖然麻煩且不夠彈性，但也不是沒好處。首先，因為是預約好的，當場不需要等太久。說實話，去小兒科長時間等待是個很煩躁的過程，小兒科本身就是大毒窟，本來只是小感冒，等太久順便傳染個什麼別的，專程去更新體內感染的病毒來著；再者，既是約診制，每天看多少病人是固定的，醫師每天早上起床就不用對自己信心喊話「我今天要看一百個病人，我沒問題！」衝刺地那麼認真。心無懸念，便能花多點時間在每一位病人身上，看得仔細些，病人也會得到應有的尊重。

在美國如果是感冒發燒，或是一些的確沒藥救、只能靜待病程走完的病毒感染，醫生通常只會請病人吃退燒藥。美國最常見的退燒藥就兩種，任何巷口藥局都買得到，也是家家戶戶藥櫃的常備藥品，所有在美國養過小小孩的人對此退燒藥的用法肯定都能倒背如流。在美國看醫生不太可能拿到「一包」藥回家，因為醫生不會開咳嗽藥、鼻涕藥，這些不傷身的小狀況都會「自然好」，靠著身體的免疫力復原，不需要吃藥。如果真的很不舒服，想緩解症狀，自行去藥局買非處方藥即可。

美國醫師和台灣醫師還有一項決定性的不同，那就是美國醫師會對病人承認目前遭遇到的科學極限。

舉例說明，之前寶寶連日高燒，我身為經驗老道的二胎母親，到兒科診療室將所有症狀、現象和可能排除的疾病名單和醫師討論後，醫師仔細檢查了寶寶的身體並做快篩，快篩後結果是陰性，沒有問題。最終醫師告訴我，寶寶就是病毒感染，但我們不知道是什麼病毒，也不會去探究是什麼病毒，發燒就吃退燒藥，病情如果沒有繼續惡化下去，那它就是會自己好，假如有新症狀出現，感覺好像變更嚴重了，請再立即回診。

以上這段話大概是真的，依照我理科女的理解，科學上合理，但是如果對著一般坊間台灣爺奶這麼說，爺奶會不會拆了診所的櫃檯哩？感覺很有可能，所以醫師還是隨手開些安慰劑防身比較妥當。為人母親，我當然可以體諒爺奶想扁美國醫師的心情，即便醫師說的都是真的，在手足無措的時候，對方竟然什麼都不做地叫你回家等它「自然好」，媽媽內心「人擋殺人，佛擋殺佛」之意不禁無限增生。

如果臨時生病了該怎麼辦？美國也有所謂免預約診所（walk-in clinic）和緊急照護（urgent care），這類診所是在臨時需要就醫，但可能僅是重感冒、受傷等，病情不是非常嚴重時的選擇。他們可能開到晚間八點，甚至十點，比普通五點就關門的家醫診所、小兒科診所晚得多，讓病人得以在晚上就醫，不致於走投無路。

倘若大半夜裡生了嚴重的病，面對緊急狀況，美國也有急診室（ＥＲ）可以救援。急診室是一個隨時都很忙碌的地方，大半夜的氣氛可能比南台灣的夜市還活絡，因此為了有效幫助更多病患，很合理地，全世界的急診室都是以「現在會不會馬上死掉」來做病人排序的最高準則。如果你今天的症狀是連夜高燒不退，去了急診室，吃了退燒藥之後，可能會被安排在某個小角落一直等一直等一直等，等得再苦也不見得等得到醫師診斷，此時很可能早已天光大亮，與其辛苦耗在急診室，倒不如在家好好休息，天亮再去一般醫院看診即可。畢竟就算去了急診室，當下沒有生命危險的話，可能具體看不了什麼，卻會收到非常實體的天價帳單，數字相當驚人。要是沒有醫療保險，去趟急診室付個一萬美金是可以預見的結果，非必要請勿嘗試。

你說這樣的等法，美國難道沒有急診室鬧事事件嗎？人到半夜總是激情，難道不會有人毆打醫師和護理師嗎？事實上真的很少見。除了美國是個警察有槍、警衛可能也有槍的地方，一看到腰間的槍套，多數人應該很快就能從激情中甦醒之外，美國人平常就很不好欺負，醫師和護理師的外貌很可能壯如陸戰隊，再加上各個長期睡眠不足、神情疲憊，你不會想喚醒他們體內的綠巨人浩克，一旦發怒，賽亞人大爆發，到底誰有生命危險都不知道，還是乖一點比較長命百歲。

與我們日常生活息息相關的還有眼科和牙科。眼科診所同樣為約診制，只能在約好的時間前往。眼科診所一般來說還細分為成人眼科診所和小兒眼科診所，如果今天小朋友有特殊需求需要眼科治療，在家長發現異樣時，看診的第一站會是小兒科，由小兒科醫師鑑定是不是真的需要專業眼科醫師的診療，如果確實需要，將由小兒科醫師轉介至小兒眼科診所。也就是說，小兒科醫師會給你一位小兒眼科醫師的資訊，請你自行打電話過去約診，同時小兒科診所也會通知對方有新病人，核可掛號資格。

聽來有點繁複的沒必要對吧，畢竟眼睛的需求是如此容易分辨，路邊老奶奶都能看出你有針眼或近視，無奈美國就是個有檢傷制度的地方，非絕對必要，不進一步提供醫療資源。平心而論，這制度確實避免了路邊伯伯去大學醫院看小感冒，但也造成了很多無謂的流程，浪費地方媽媽的寶貴青春。

值得一提的還有「配眼鏡」這件事。在美國，配眼鏡的第一步是眼科，諸如掛號、驗光、視力檢查等都在眼科診所內進行，檢查完畢後會拿到一張度數處方籤，在處方籤未過期之前，你可以在很多地方配到眼鏡。處方籤的期限通常是一年，若超過，就得重新回診所檢查。配眼鏡的地方有很多選擇，最常見當然是眼科診所附設的眼鏡部，方便可靠，鏡框通常也難看。另外還有一般眼鏡行、大型超市像 Costco 和 Walmart 附設的眼鏡部，買菜時順便買眼鏡相當方便，但可以想見，眼鏡拿出來，只有醜而已。另外，由於眼鏡在美國屬於醫療相關器材，所以部分保險有給付，購買前記得和保險公司確認。總之，整個過程非常麻煩不說，在台灣眼鏡行配眼鏡那種時髦、輕鬆、彷彿身在精品店的體驗，在美國絕對找不到。每當我和美國友人提及這一點，說到配眼鏡還會奉茶、上咖啡，他們既驚訝又羨慕不已。服務荒漠美國人，真該去台灣見見世面。

美國的牙科則獨立於醫療保險之外，有獨立的牙醫險，許多公司甚至不一定提供，牙醫保險的投保範圍和給付程度更是天差地別，並且相當不透明。也就是說，每個人進去同一間牙醫診所，接受同樣的診療手續，最後從口袋實際付出去的費用，可以有很大的差別。光是拔一顆牙，從拔的是哪顆牙等差異開始，最後的費用可能從兩百塊美金到五百塊美金都有可能，價格挺嚇人的。其他額外的局部麻醉、全身麻醉或笑氣麻醉，保險甚少給付，有給付者往往額度不多，昂貴得不得了。我甚至聽過小朋友請來麻醉醫師做全身麻醉以補牙，一次花費就高達三千塊美金，實在太可怕了。

種種就醫不便的結果，也造就了萬藥具備、不欠東風的強大美國藥局。

住美國這些日子以來，所有來美拜訪我們的台灣親友必定指定一站「買藥之旅」。不知道為什麼，台灣人熱愛在美國買藥！就算沒病，也買點強身的維他命、益生菌，或是各種咳嗽藥、退燒藥等預防性常備藥品。明明台灣醫療極度方便，跳上機車五分鐘就能抵達診所，護理師也「很高興為您服務」到讓你以為身處SPA，可能因為在美國買藥比較便宜？台灣同胞還是樂於擁抱美國藥品。

在美國生活久了，尤其在這裡動過手術、生過小孩之後，我發現美國的醫療體系分工細膩、行事嚴謹，台灣的一項醫療行為，到了美國可能被切成很多道關卡，執掌關卡的關主絕對不做關卡以外的任何事情。例如幫孕婦照細項高層次超音波的專業醫務人員，他的工作真的只是「照」，不負責「解讀」，如果你在過程中隨口詢問圖片代表的意義，他會回答你：「詳情請問你的婦產科醫師喔。」很害怕一不小心即肩負起醫療責任。如此的「詳細分工」確實令人很想用斜眼瞟他們，卻也不得不承認這樣能夠確保醫師和治療師小心行事，降低醫療疏失。也切莫小看負責幫孕婦照超音波的治療師，這份毫無壓力又輕鬆的工作因為其高度專業性，他們的年薪應該也有美金七、八萬元起跳，錢多事少離家近，相當適合育有三子的媳婦。這也顯示了為什麼美國的醫療如此昂貴，每個小小環節的專業都必須付出龐大的金錢代價。在美國，健康的生命是用錢買的啊。

在我們的觀念裡，生而為人本該享有健康生活在世界上的權力，天賦人權嘛，所有的孩子、長輩，身體不舒服時，都應該能得到妥善的照護才對，這也是我眼中文明社會應該要有的樣子，但地球上的現實偏偏不是如此，號稱「世界文明最前鋒」的美國更是徹底相反。在資本主義美國，窮人沒有生病的權利，沒有醫療保險，一旦生病，醫療帳單將壓垮全家，孩子也別想上大學了。冰冷的現實就是如此，環環相扣、代代相傳，無以改善。

見到美國人那麼可憐又落後，不如我們立法援助他們吧！用美國護照和美國所得稅金交換台灣居留權，一旦來過，醫院走一趟，感受美麗護理師的溫柔，珍珠奶茶再喝兩杯，如此這般，美國人會不會迷上台灣，連夜集體上繳美國護照，害桃園機場面臨被踏破的危機？

台灣美好的醫療環境，真的值得大家攜手珍惜。醫療環境傳達出的人情與溫柔，更是台灣最深刻的美好，也讓生活在外的我們，天天都以遠方的家園為傲。學有所教，病有所醫，台灣是溫暖的寶島。

PART 3

日常與節慶

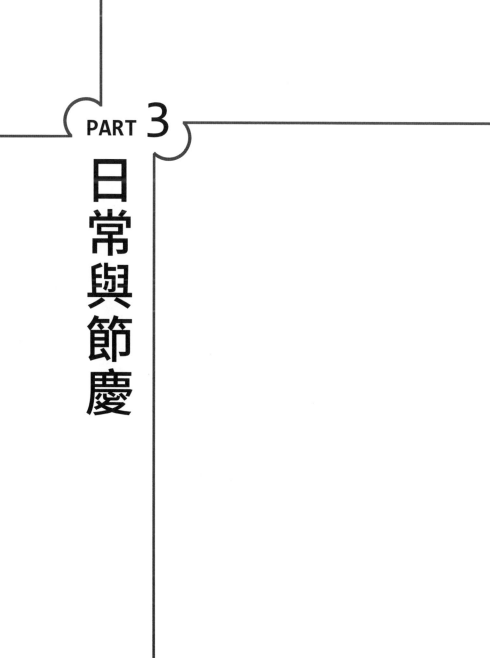

美國人這樣過周末

在紐約、洛杉磯等大都會之外，絕大多數美國人居住的地方空間寬敞，窗外綠樹成蔭。有別於台灣街頭的熱絡與喧囂，這裡的周末早晨安安靜靜，好似聽得到鄰家黃金獵犬的打呼聲。隨著太陽爬上山頭，你能感覺到整座城市逐漸甦醒。不知道為什麼，無論哪個季節，美國清晨的空氣總有些冰冷，彷彿有人悄悄打開了冰箱，讓清冷的氣息流淌而出，美國人管這叫做「crisp air」，美國的空氣是脆的。

如果你的屋簷下沒有孩子，周末早晨這段美國時間是屬於自己的。在這美好的空氣中，你戴上蘋果 AirPods 藍芽耳機，穿上 Nike 球鞋，披上跑步專用的螢光色運動夾克，準備好出門晨跑。沿著住宅區乾淨整齊的人行道前進，穿過冷颼颼的樹林，經過散步專用的健走小徑（hiking trail），跑個三英哩來到家附近的餐廳。餐廳裡有培根、有雞蛋、有熱咖啡和老朋友，點一杯泛著氣泡的 mimosa 香檳調酒，開啟愉悅的美式周末假期。

這些餐廳和我們熟知的早餐店路數完全不同。台灣人的早餐店講究簡單迅速，店內陳設傳達的也是這樣的想法，小而美的空間，幾張簡單的桌子和椅子，一疊精彩聳動的報紙，一臺清晨即起、熱情如火的電視，櫃檯前朝氣蓬勃的老闆娘，喊你帥哥的同時以一百米只要十秒的速度張羅全部顧客的食物，一點不囉嗦，是為典型台灣式早餐。如要追求這種等級的簡便，在美國相對應的選擇是咖啡館，櫃檯前買個肉桂捲或巧克力可頌，再來杯美式咖啡，旁邊抓一份既沒有裸體也沒有屍體的乏味紐約報紙，就是美國版的簡易早餐。

所謂的正統美式早餐店嘛，運行速度大概百米需要三十五秒，胖胖服務生以腰圍展現親和力，突顯店內溫馨舒適，是親朋好友相聚聊天、坐下來好好吃一頓班乃迪克蛋的地方。周末早晨，除了外出用餐的家庭，你會在此見到運動同好的聚會，剛剛全副武裝騎完腳踏車的銀髮爺爺們，六個人一桌，沒有老婆也沒有小孩，腳步輕盈，神態放鬆，全然舒服；另一頭則是重機族朋友聚會、瑜伽課同學聚會，充分反映出美國人的周末早晨大多貢獻給最愛的運動和家人。

在台灣，短短一個周末可以完成很多事。早餐店的奶茶半糖少冰後面，可以去超商拿包裹、乾洗店拿外套，再去按摩、看中醫、做個臉、喝下午茶、去全聯、見朋友、看電影，直至半夜都能去唱歌，凌晨唱完歌再聚眾吃飲茶，生活豐富多彩到一種無以復加、不知所措的地步。

所有這些習以為常的周末休閒娛樂，美國這無聊的鄉下地方多半沒有。這裡的下午很短暫，通常只能做完一兩件簡單的事。每到周末下午，美國人可能開二十分鐘的車去大賣場買菜，或者在家洗衣服，衣服洗好丟進烘衣機，再轉身去做其他事情，而在翹腳追劇之前，這個「其他事情」通常是躲不掉的居家環境維護。

美國人的房子是木造的，通常都有前院和後院，隨著春夏秋冬季節推演，有許多維護工事必須定期進行。每年經過寒冬侵襲，一到春天就得檢查屋頂、修理陽臺、打開灑水器。夏天則是除草的季節，家家戶戶的爸爸或哥哥每個周末下午基本上都是草皮見，修修草皮、拔拔野草、吹走落葉。這份固定的收拾工作會一直持續到大約十一月，過了十一月之後，綠草不再固執地生長，漸漸開始出現有點了無生趣的姿態，表示剷雪的季節即將到來——取決於你住在美國哪裡——通常十二月後有機會開始剷雪。

下雪時，街上總是寧靜的，大家都躲在房子裡看 Netflix、看書，把自己和自己的肥肚子裹在暖呼呼的被子裡頭，並大口大口喝熱巧克力。一旦雪停，每家每戶門口馬上站了一位人高馬大的男生，手持一把肯定是美國尺寸的雪剷，趁著雪還沒結成冰，趕快熱烈地替全家挖出一條血路。周而復始的「美國房事」讓美國男生一年四季有事可忙，沒完沒了看不到終點。

對我來說，整理房子是件麻煩事，但對一些美國人而言，這就像洗衣煮飯一樣，是生活的一部分，沒什麼好抱怨的，甚至很多人修著修著修出了興趣，每個禮拜固定往家飾建材商店 Home Depot（家得寶）跑，基礎修繕之餘，還自己做櫃子、建樹屋、蓋陽臺，幾乎是半個水電工和建築達人的合體。

當然，如果氣候允許，美國人周末最熱愛的還是戶外活動。

風光明媚的時節裡，人們會拖著家裡的船，再載上腳踏車，大老遠開好幾小時的車朝海邊或湖邊而去。抵達之後，搭個小棚子，展開折疊式桌椅，架上大烤爐，就是個悠閒愉快的周末。可以沿著湖邊蹓狗，沿著山徑騎車，當然更可以坐下來看本好書，傾聽湖水的聲音，享受大地的心跳。冬季是滑雪專屬，小朋友大概四歲左右就能上滑雪課，學滑雪就像學騎腳踏車，學成之後便不太會忘記，可全家同樂。即便不會滑雪，雪地裡堆雪人、玩雪橇，同樣樂趣良多。美式生活方式，尤其是對熱衷戶外活動的人來說，讓人更貼近大地之母的鼻息，深刻感受四季的更迭變換。

至於室內活動，美國人同樣花挺多時間培養個人興趣。

美國人喜好閱讀。我猜美國喜好閱讀的比例高於亞洲，周末時段圖書館停車場幾乎都是滿的，不容易找車位；除了書店，超市、車站、機場都有販賣書籍；天氣一好，公園的長板凳、家門口的露臺……到處可見看書的人。

美國人也喜歡學音樂，不少人都會彈吉他、打鼓，也願意花錢欣賞爵士演唱會。也有人熱愛手做、熱愛繪畫、熱愛寫程式或烹飪等各種嗜好，興趣廣泛可能源自從小花很多時間在休閒娛樂上，便培養出了豐富的個人嗜好和熱情。

如果是有孩子的美國家庭，周末通常會花許多時間在小朋友的運動上，可能是各種上課，接著到處巡迴比賽。美國孩子的周末行程和亞洲孩子不大一樣。在亞洲，孩子們周末除了和爸媽逛街購物，學齡孩童通常會花大量的時間補習，念書準備考試；美國小朋友也有人選擇課外補習，但即便是所謂的補習班，周末也可能只開短短幾個小時而已，像是亞洲功文數學補習班入境美國以後，周六和周日都不營業，表示美國家長傾向不讓孩子在休息日重複學校功課。真要加強學科，大多會利用周間時段，但總的來說，除非走投無路、非常迫切，美國孩子不太補習。

由於美國許多百貨公司七點就關門，晚上並不是逛街購物的時間，也無事可辦。大部分孩子在九點以前都上床了，晚上的時間是大人自己的，可以請個保母陪小孩，然後外出用餐、看電影，享受所謂「parent's night out」爸媽的約會時間，當然也可以在家舒服地看電視，好好休息準備迎接新的一天。

美國式的生活很簡單，甚至可用「安寧」來形容，置身其中，以這種單純的生活節奏對比整個社會的複雜性、機動性，不禁讓人懷疑其中的混亂與瘋狂是從何處竄出。說到底，這是一個簡單與複雜並存的國家，但在這裡的生活日出日落有跡可循，每一天都簡單、豐盛、踏實。

絕妙萬聖節

十月三十一日是美國的萬聖節，也就是俗稱的鬼節，這個節日在許多北部的州被視為氣候切點，每年過了這一天，便開始進入嚴寒的冬季了。

萬聖節源自西歐古老傳說*，各路亡魂會在這一天重返人間，並從活人身上汲取生靈，以達到再生的目的。古老時代裡，人們會在這一天熄滅家中燈火，讓室內昏暗不明，藉此避開鬼魂的耳目，讓他們找不到活人，以策安全。過了一陣子後，大家逐漸想通，誰怕誰啊幹嘛走避？便開始打扮成妖魔鬼怪，以毒攻毒，讓遊蕩人間的亡魂們明白西方人不是吃素的。想嚇我？我還想嚇你咧！穿著各式鬼怪服飾的意義就在於嚇走亡

---

*註：萬聖節起源說法不一，多數認為源自西歐賽爾特人的古老節日「夏末節」（Celtic festival of Samhain），人們會穿上可怕的服裝、戴上面具，震懾各路鬼魂，以求平安。

魂，清理人間。

由此可見，西方人的堅韌從古代便是如此，即使面對鬼魂也毫不示弱。台灣的鬼節拜泡麵、可樂果，還燒很多保護費，極盡討好之能事，西方的鬼節直接硬碰硬，要零食沒有、要泡麵也沒有，請鬼直接走，不走的話，我要嚇你了喔。就我這異鄉人看來，這招應該有用，有些美國人真的比鬼可怕很多。

看待鬼，美國文化和華人文化著實不同。

華人文化對鬼神往往敬而遠之，懷有戒慎畏懼之心；美國文化根本不太怕鬼，至少和我們心中的畏懼在程度上有很大差別，甚至隨著時代變遷，鬼還愈變愈可愛、愈變愈討喜。而且不知道從哪時開始，吸血鬼都成了高富帥，在暗夜裡開名車、住城堡，他們到底哪來的錢？身材又為何那麼好？大半夜裡健身房不都關門了嗎？上哪練身體？電影《暮光之城》上映後，別說害怕了，少女們要是在路上遇見吸血鬼，莫不爭先恐後飛撲上去，和吸血鬼談戀愛儼然成了新一代最浪漫的憧憬。世上要是真有吸血鬼，他們應該也很傻眼吧，什麼都沒做就變身鬼界男團。

此外，美國文化中的鬼怪形象除了吸血鬼，不外乎狼人、木乃伊、殭屍等，雖然血淋淋，但感覺都蠻笨重的，一點都不可怕。要是今天晚上家門口來了一尊木乃伊，我們根本就可以先睡一覺，因為等木乃伊抵達前門時，防盜警鈴一定會響嘛，畢竟那麼大一隻耶，再加上他滿身繃帶，隨便丟一支台灣番仔火即可搞定，根本毫無威脅感。相較之下，台灣鬼、日本鬼、泰國鬼隻隻來無影去無蹤、頭髮又都溼溼地鋪在臉上，從不梳頭，嚇死人了！光是洗個澡，隨便哪個地方鬼都可以冒出來，防不勝防，恐怖至極。

西方文化闡述的「天堂和地獄」概念也和我們的不大一樣。

華人文化的天庭裡住的是神明，人們必須在人間不停修煉，直至有一天得道成佛，方能坐電梯上天堂，但終究相當困難，路途遙遠，所以大家都需要好多世努力做人。我們的地獄倒是相當容易進去，挑撥離間或油嘴滑舌就足以讓你進入地下一樓的拔舌地獄，依此類推，依照罪刑大小，分別進入不同地下樓層。根據古代傳說提及的罪刑種類，教唆婦人再嫁要下去、毀謗要下去、長舌婦也要下去，一點小事就要下去，我猜想現在地獄應該鬼滿為患了，閻羅王積極地下一百層樓擴建中。

西方文化的地獄不像華人地獄是天庭的行政管轄區，西方的地獄歸撒旦管，是天堂的政敵來著。你如果為非作歹，那就是撒旦的同路人，死後便得下地獄，管撒旦叫房東；你必須行得正、是個好人，死後才能上天堂。天堂是神之棲所，毫無病痛和煩惱，神還會賜予全新獨棟洋房和花園，讓你不用付房貸，每天都是星期天，無憂無慮快樂去聊天，是人生的完美終點。

兩相比較起來，難怪很多人急急忙忙只想移民西方國家，因為就上天堂的門檻而言，西方體系實在簡單太多了，無須頓悟任何天道，只要好好做人即可，可謂相當容易。這輩子生前就從東方搬家到西方，轉換天堂管轄體系，好好忍耐申辦綠卡的痛苦，好過輪迴幾世都無法得道，吃素已經三輩子了還卡在人間，苦無升遷機會。

好的，回到萬聖節。萬聖節到來之際的住宅裝飾，是這個節日的一大看點。配合節慶，美國挨家挨戶都會用南瓜、蜘蛛和各路鬼怪裝飾自家住宅。有些人選擇可愛風，面對馬路的窗戶懸掛俏皮的黑貓、蝙蝠和巫婆吊飾，前廊掛滿白色蜘蛛網，通往前門的走道上點綴一排可愛的南瓜燈，呈現出一點都不可怕的趣味風格。只不過更多美國家庭選擇超可怕、超好玩的鬼屋風格，有些人乾脆將前院草皮直接改成墳場，一塊一塊的墓碑裝設得入戲甚深；也有人在一家大小的衣服裡塞滿報紙，讓衣服直挺挺地豎立著，再把它們移到前廊站好，架設起舞臺效果冒煙機，遠看宛若一整排喪屍，真的有點嚇人。當然，也有些像我一樣藝術能力低落的人家，搬來一大堆南瓜堆在門前，遠看就是一坨橘色，不可愛也不可怕，呈現無聊的應景，透露出來的氛圍只有企圖配合大家、還請鄰居見諒的一片赤誠之心。總之，各式各樣風格特異的鬼屋，真的非常有意思，值得一看。

對於美國小孩來說，萬聖節則是一年之中最重要的一天，其他日子再怎麼混沌，到了這一天，那都是精神抖擻堪爬洛磯山脈。

萬聖節的重頭戲當然是討糖果，到了這一天，小朋友會穿上各種自己喜歡的裝扮，理直氣壯地上別人家敲門要糖果。在父母大多忙碌的現代，造型服裝的主要來源自然是商店，但為了省錢、為了趣味、也為了不撞衫，許多美國媽媽會親手製作服裝，通常是孩子喜歡的卡通人物，也有精緻的兄弟姊妹主題裝，像是「漢堡配薯條」、「哈利波特配鄧不利多」等，也看過超級敷衍的「白色桌布上面挖兩個洞」幽靈裝，相當逗趣，效果十足，反而比外面買的更受歡迎。

入夜之後，討糖活動正式開始。一般來說，大概傍晚四、五點左右就會陸續出現一些一兩歲的小寶寶登門拜訪，原因當然是他們年紀小很早睡，還有天黑之後許多哥哥姊姊的造型常會嚇壞他們，所以寶寶們往往率先出動，早早返家。等到天色漸漸昏暗，便是蝗蟲大軍過境之時，小孩成群結隊、人數眾多如潮水般不停湧上來，並且個個目光如炬、步伐堅定，從窗口看出去，確實和李屍朝鮮場景並無不同。

我們家每年的策略都是媽媽提著手電筒、拎著孩子出門討糖，爸爸則留守家裡，應付源源不絕的討糖鬼上門。此時所有的一家之主都很擔心自己準備的戰備儲糖夠不夠，我個人雖會盡量多買，以確定所有上門的孩子都不失望，無奈連續兩年遇上偷糖賊，一不注意，放在門口的糖果全被死小孩整桶倒進袋子裡，導致後面的孩子索糖無門，很是失望。討糖的不成文默契是，如果沒糖了，把燈全部熄滅，孩子也就明白了，摸摸鼻子，跳過這戶人家。

美國人很愛玩，有戶鄰家每年萬聖節都極度認真地把自家改裝成迪士尼鬼屋，登門討糖的一路上極盡可怕之能事，諸如幽靈從樹叢飛出來、殭屍在草地上爬行，既有哭泣音效、有閃燈、有冒煙，按電鈴時還會被電到，負責應門的女主人也化妝成血淋淋的鬼修女，無辜小朋友們每年都是笑著走過去、哭著走出來，門的另一頭則年年傳來這家人的勝利大笑聲。美國人真的很可愛、很有趣，把一個簡單無比的節日，用盡心機過得那麼有意思。

另一方面，對許多身體年齡高中生以上、心智年齡中年人未滿的「時髦大人」族群而言，萬聖節儼然成為年度服裝派對狂歡周，各大酒吧、夜店等大人系社交場合都迫不及待推出一系列裝神弄鬼主題活動，好讓大家釋放內心的渴望。想裝扮成誰都不荒謬、不過分，一年一次，充分滿足。這類活動的參加人數往往積極反映了美國人對於萬聖節的熱愛，門票總是一票難求。

以上是萬聖節的夜晚，若是白天，充滿老好人的各大公司行號也常常舉行萬聖節派對和變裝大賽，除了基本款吸血鬼之外，隔壁座位的老實人變身巨石強森、幹練的祕書小姐變身希拉蕊，更有綠巨人浩克、超人特攻隊等各式各樣形象鮮明的人物出現，點燃無聊的辦公室生活。幽默的美國人確實能屈能伸、好玩逗趣！

如果要選「美國值得體驗的節日」，第一名肯定是萬聖節。豐富多彩的節慶裝飾之外，活潑有趣、親子同樂的活動，參與一次即能充分體驗在地美國文化，人們如何親切有禮地和陌生人互動、大人如何積極維護孩子們的快樂幸福，美國傳統社區長什麼樣子、美國人的巨型同樂會又是什麼樣子，美國辦公室文化如何得以在嚴肅的工作中點綴過節的趣味，只要在美國過一次萬聖節，即可全部感受！有機會一定要參與看看！

溫暖感恩節

十一月的第四個禮拜四是美國的感恩節，感恩節的故事要從史上留名的五月花號說起。

西元一六二〇年前後，大力發動宗教改革的清教徒想脫離迂腐的英國國教，建立獨立於王權之外、僅傳頌上帝福音的革新教派，此舉卻觸及了當時英國國王和教會的敏感神經。新教派的崛起意外挑戰了教會的政治權力，不小心用清教徒嘴裡所謂「真正的上帝福音」稀釋了王權。

可想而知，清教徒隨即在英國面臨強烈的政治迫害，毫無根據的宗教審判、酷刑、屠殺，迫使他們逃往歐洲大陸上的荷蘭避禍。但在歐陸的生活仍然不安全，幾經流離失所後，清教徒把目光投向了人稱「新世界」的美洲大陸。當時的美洲大陸沒有教會、沒有國王，幾乎可視為一片全新的土地，對清教徒而言，這片無窮無盡的未知，即是上帝賜予的「應許之地」，象徵了興築自由與安全生活的契機。於是，一六二〇年九月，清教徒搭乘有名的「五月花號」，航向波瀾壯闊的美洲拓荒之旅，為人類歷史寫下了嶄新的一頁。

清教徒抵達美洲時已經入冬，當初因為局勢所逼逃離歐洲，未能選擇啟航時機，以至於剛抵達便面臨北美寒冬的摧殘，禦寒房舍不足，也缺乏在新大陸生存的經驗。到了隔天春天，只剩一半的人存活下來。就在這悲慘的時刻，村裡來了位關鍵人物，一名在歐陸當過奴隸的印地安原住民，他是歐洲鼠疫的倖存者，會說流利英語，當地酋長派他來白人居住地探探情況。

清教徒對這名叫做斯鄺道（Squanto）的印地安人訴說登陸之後面臨的重重挑戰，以及不得不在此苦撐的原因，他們沒有回頭路，只能與天地一戰。此後，斯鄺道和村裡的印地安原住民成了清教徒的生活導師，教導新教徒如何種植玉米和捕魚，甚至開啟了印地安人與歐洲的皮貨交易。

這批清教徒逐漸在新世界站穩腳步。隔年秋天，天公作美，讓他們迎來登陸美洲之後的第一個大豐收。歷經千辛萬苦，為感謝上帝賜福，也為感謝印地安友人相助，清教徒邀請印地安友人前來齊聚一堂，舉行了第一次的慶典，也是史上第一個感恩節。

承襲傳統，直至今日，感恩節仍然是美國人和親友團聚的重要節日之一，也是許多人一年之中最長的帶薪假期，通常會回家團圓。

一般來說，美國人要回老家陪父母的節日有兩個，一個是感恩節，另一個是聖誕節，小家庭通常會安排其中一個節日回先生的父母家，另一個就回太太這邊的父母家，兩邊都溫馨，兩邊都不寂寞。

感恩節晚餐是這個節日的重頭戲，如同所有其他節日一樣，過節的舒適懶散與否，取決於你在這個節日中擔任什麼角色。假如只是坐等上菜的，那麼恭喜你，梅西感恩節氣球大遊行*從早上九點就開始了，你可以穿著睡衣、端著咖啡和其他一些令人心醉的垃圾食物，一大早就窩進奶奶家的沙發，當個稱職的金孫馬鈴薯，打開積極過節模式，

*註：梅西感恩節氣球大遊行（Macy's Thanksgiving Day Parade）是美國感恩節年度盛事，於每年感恩節上午九點開始，在紐約中央公園附近盛大舉行，遊行長度約三小時，約中午結束。這是一場遊行，基本上也是一場秀，有當紅歌手、演員、主持人表演，其中最重要的主角則是高達四層樓的巨型氣球，由幾十人共同拉著這些巨無霸氣球，穿梭於紐約的高樓大廈之間，非常壯觀且有趣，再加上花車遊行、樂隊儀隊表演，看過之後會讓人覺得迪士尼遊行是為小寶寶而存在的。如欲感受美國傳統節慶氣氛，到紐約現場參與也是一個很不錯的旅遊行程。

認真發懶。但倘若你身為感恩節晚餐的主理人，那忙碌堪比台灣過農曆春節時的大媳婦，大清早出門買菜、備料，行程表打開比總統候選人還滿。

主辦一場感恩節晚宴，如果餐桌很寬、家裡夠大，通常會邀請親近的友人一起過節，邀請的名單大約一個月之前就會大致決定下來，也會事先決定當天晚餐的形式。除了基本的「人來就好」，很多時候以 potluck 形式舉行，即每位客人各自帶一道菜，再加上主人準備的火雞和其他菜餚，合體成晚餐，主人會負責協調各家菜色，確定菜色不重複，大家從前菜到甜點都能完整吃到。

感恩節的重點當然是火雞！

想順利突圍採購大軍，在感恩節順利吃到火雞，許多人選擇兩、三個星期前就去超市購買，讓火雞在冰庫裡躺半個月，感恩節前兩天再取出來退冰，並於節日前一天開始接受各種醃肉和填充香料的過程，當天再用大烤箱烤上三四個小時，即可香噴噴出爐上菜。

烤火雞美美放在餐桌上很是迷人，整個製作過程可一點都不迷人。做工繁複，要求的烹飪技巧也不簡單，為因應廚藝不佳的客群如我本人，就像每年過年台灣超市會推出外帶年菜一樣，美國超市熟食部和大小餐廳也會在感恩節前幾個星期就推出外帶餐單，廚藝甚差婦人如我則會在窗口引頸期盼，一開放馬上下訂。過節嘛，價格當然比平常貴了不少，一份八到十人份的火雞外帶大概美金七十五塊左右，甚至更貴，但為了確保我家的客人都能吃到正常可口、不被我搞砸的食物，這份女主人的安心無價。

乘著斜陽的餘暉，感恩節晚宴於傍晚開始，客人提著紅酒、南瓜派等甜點，盛裝赴宴。

這個晚上的美國人告別平時輕鬆愜意的早餐餐桌（breakfast nook），用心布置了家裡的大餐廳（formal dining room）。通常當天傍晚時段，餐桌就已經完美布置好了。西式餐桌的餐具擺設是以一人份為單位，餐盤為中心，又因菜式和中菜不同，大餐桌中央不見得需要預留空位上菜。在感恩節這種大日子，女主人會拿出過節專用的精緻餐盤，一層、兩層漂亮地疊放在餐桌上，餐盤正中央折好象徵秋天的金色、棕色或紅色桌巾，左右各放著刀叉兩付，分別用於主餐和甜點，斜前方擺妥酒杯和飲料杯，餐桌正中央點綴著象徵豐收的迷你南瓜和繽紛秋季花卉，美不勝收。

客人抵達之後，伴隨著電視上已經熱烈一整天的美式足球賽，大家三三兩兩聊天，又或是去廚房看看有什麼能幫忙的。當烤箱響起噹噹聲，表示火雞已經準備好，大吃大喝的感恩節晚餐便開始了！

傳統美國文化裡，感恩節晚餐開始前，全家人會一起坐在餐桌旁，彼此手牽著手形成一個大圓，由一家之主帶領大家，感謝這一年大家的辛勞，也感謝上帝的祝福，在這一年裡有歡笑也有淚水，最重要的是在一年的尾聲，大家仍然平平安安、健健康康地齊聚一堂，桌上有食物，頭上有屋頂，溫暖又富足，著實是福氣。

說完感恩節祝禱後即可開動，大家一起享用火雞大餐搭配蔓越莓醬，還有馬鈴薯泥、綠色豆子、玉米和球狀甘藍（brussel sprouts）等基本配菜，最後以南瓜派、蘋果派、櫻桃派等甜點畫上完美且肥胖的句點。

感恩節的意義在於感恩，感謝生活所得並盡力為他人付出，所以在感恩節這一天，很多教堂都會發放免費的食物給需要的人，希望每個人在大冬天裡都能飽餐一頓。許多人也會在感恩節當天去教堂做一、兩個小時的義工回饋社會，能做的事情很多，幫忙烹煮食物、準備周邊環境的設置、收集罐頭、發放食物，甚至維持秩序，小小的義舉，就能為他人帶來很大的安慰。世事艱難，生活有許多我們無法控制的悲傷與無奈，在教堂前排隊的人或許一路上做了錯誤的選擇、愚蠢的決定，也或許只是比較不幸，但到了感恩節這天，無論如何都要放下各種標籤和烙印，有神也好，無神也罷，伸出雙手撫慰彼此，而一餐熱飯的善意，就可以做到。

感恩節還有一項有趣的傳統，那就是白宮舉行的火雞特赦（turkey pardon）活動。每年感恩節，全美國都會有成千上萬火雞壯烈犧牲，但這畢竟是一個象徵感恩的節日，總不好將人家趕盡殺絕。於是象徵性地，美國總統每一年都會在白宮草坪「特赦」兩隻火雞，讓牠們去維吉尼亞州的農場頤養天年。

歷屆美國總統中，尤以歐巴馬總統最「擅長」特赦火雞。每年這個場合他都躍躍欲試，歡樂地帶著兩個女兒，在看準女兒逃不掉的情況下，抓準時機大講冷笑話（dad jokes），每每講完後只有他自己笑得很開心，第一女兒們則在後方大翻青少年特有的白眼。假如此刻現場有新聞記者笑出聲來，歐巴馬還會得意地說：「哈哈，有人聽懂了耶！」到了他任職第八年，兩個女兒忍無可忍，竟然罷工，拒絕參加火雞特赦，只好請來第一夫人的兩個姪子，代替第一女兒們站在總統後方聽冷笑話，好險小小孩年幼無知，笑話雖冷，依然非常開心。這幼稚輕鬆的活動拉近了總統和人民的距離，看著第一女兒十足青少年的叛逆表情，提醒了我們美國總統也是人，也讓我們明白美國社會對「總統也是凡人」這事實的接受度有多高。

感恩節隔天是一年一度最恐怖的黑色星期五（black friday），也就是傳說中的年度大打折日，由這一天開始敲響美國年終聖誕購物的號角。雖說是隔天，其實許多商場在感恩節當晚半夜十二點就開門了，現場會有很多實體店內獨享的「早鳥優惠」商品，所以許多美國人會在吃完感恩節晚餐後，手牽手一起去排隊，店門一開，瘋狂血拚。

其實感恩節時的天氣已經很冷，雖說便宜很多，但要願意站在暗夜寒風之中排隊兩個多小時，除了決心與毅力，還須備有強健的體魄、攀登山峰的羽絨衣和一起殺時間的朋友，怎麼聽都是屬於大學生的活動，一般成人可能無福消受。不過黑色星期五的確是購物的最佳時間點，特定物品例如電子產品、廚具、小家電等尤其便宜。

現在除了實體店面，網路商店也是一個很好的選擇，早上起床穿著睡衣，喝喝咖啡、按按手機也可以大買特買，比以前方便迅速，也危險許多，怎麼買都買不完。更令人髮指的是，電商集體發明了呼應「黑色星期五」的「網路星期一」（cyber Monday），提供無國界網路購物超級折扣，真是打折到山無稜、天地合，都不與君絕，完全想致消費者於死地。經過這一串「半點不由人」的剁手打折日之後，到底要拿什麼養小孩，媽媽在心底啜泣。

感恩節是北美獨有的節日*，我想是因為人離開了家鄉，才會倍感寒冷，而「感恩節」三個字提醒了你，在灰撲撲的天空下、冷颼颼的空氣中，你所擁有的很多。無論過去這一年有多少不眠不休的日子，流了多少不為人知的眼淚，至少時間走到年末這一天時，一家人仍健康平安，爐上燒著熱騰騰的湯，懷裡拽著暖呼呼的小嬰兒，腳趾在毛襪裡頭一切安好，歲月原來依舊完美。

我想，這就是為什麼感恩節可以永永遠遠流傳下來的原因，它在流淌的時光裡，提醒我們珍視生活的好，一草一木，皆是幸福。

---

*註：加拿大人也過感恩節。加拿大的感恩節是每年十月的第二個星期一。

聖誕節我愛你

聖誕節是一年之中最美好的節日。一年三百六十五個日子裡，唯有這一天，人們希望天氣愈冷愈好，最好雪花紛飛、寒氣逼人，方便相依相偎、就地接吻。

對我而言，聖誕節屬於珊卓布拉克，必須穿上厚針織大毛衣、打開《二見鍾情》這部老電影，隔著螢幕感受芝加哥帶雪的風，讓腳趾在毛襪裡悸動著，同時也讓劇中暖烘烘的美式壁爐溫暖我，幸福地看著劇中人在小客廳內拆禮物並流露驚喜表情，接著緊緊相擁，久久不放開。歲暮天寒的聖誕節，斑斕櫥窗裡倒映出來的都是深愛的人，溫暖與和煦總能隨處閃耀，豐厚情感直抵人心。

在亞洲，聖誕節代表的往往是派對、狂歡、購物，甚至是一定要和情人共同度過的法定約會日，但在歐美，聖誕節的意義大不相同。

如要具體比喻，美國的聖誕節其實意義上比較像我們的農曆春節，少了許多商業氣息，是一個以家庭為圓心、親情為半徑才能圓滿的節日。久違的親戚朋友冒著寒冬，從各處趕來相聚團圓，一解相思之苦，互相拍背，緬懷過去這一年的母子均安。

而所謂的「聖誕派對」，性質和信義計畫區辣妹出沒的那種狂歡趴踢也很不一樣，比較屬於「我們都是好朋友」的鄰里風格聚會，一點都不辣，連小辣也沒有。聚會往往由朋友中的里長伯帶領大家，穿著厚毛衣，遮好遮滿預防流感，每個人手上揣杯飲料，大講美式笑話，等一下九點一到，生理時鐘噹噹作響，鄉民們便一一共乘計程車回家睡覺，根本沒有人會在這場合酩酊大醉。

如果是公司行號舉辦的聖誕派對，實質意義則近似我們的年終尾牙，也就是在歲末之際，召喚冬眠已久的社畜們出來晒晒太陽、見見同事，公司在派對上餵飽大家，讓大家寒冬中群聚罵罵老闆，也算某種犒賞員工，凝聚向心力。

關於聖誕節的一切，聽起來如此美好，無奈有人的地方就有江湖，有婆家的地方就有媳婦，有媳婦的地方就有怨氣，怨氣震天，籠罩美洲大陸。

美國媳婦倒是不需要洗碗，聖誕節耶穌也用不到三牲四果，怨氣的來源並非勞力分配不均或被當傭人使喚，姻親之間也無尊卑之分，故無欺凌之感，在群聚過節所產生的怨聲載道方面，美國家庭文化徹底執行兩性平權，當煩人的三叔公拎著登機箱出現在家門口時，男女被騷擾的機率均等，攜手默哀，非但都極想奪門而出而不得，還得用膠帶左右貼住嘴角，持續假笑。

整件事情的癥結所在就是，有一群人，無論如何都必須在周遭天寒地凍、生機渺茫的某間房屋裡，集體共度好幾天，日夜緊密相處，三餐對看進食。這種場景在《名偵探柯南》裡沒幾頁後就是密室殺人、不留活口，而且現實遠比漫畫更嚇人，三叔公每年都快快樂樂出門，平平安安回家，樂活每個聖誕，手裡握著啤酒，年復一年不停追問：「你怎麼還沒換掉那個爛工作？好傻好天真。」

一般來說，美國人謹守人際分界，絕對不會詢問讓對方不舒服的私人問題，但過節充滿了放肆的氛圍，親戚又是個令人放下心防的身分，三叔公意識到自己可是看過你穿尿布的樣子，便口無遮攔了起來，放任自己內心長舌的渴望，快步向前，聲聲逼問：「你有沒有聽過安麗？」或「我最近有個超棒的投資企劃，看在你是姪子的分上，許你一個賺大錢的機會如何？」在這種「叫天，天不應；喚媽，媽逃走」的困境之中，即使是性格爽朗不拘的老美們，此時此刻也只能使出正妹三寶「嗯嗯，呵呵，去洗澡」。聖誕難，難於上青天；聖誕苦，苦來當吃補。在崇尚個人主義的美國，僅僅飲此一瓢集體生活之苦，就足以嚇壞自由快樂的美國人了。

怪怪三叔公的言語攻擊之外，更常有現代美式家庭型態延伸出來的種種窘境。離婚、再婚、同婚、同居而不婚、婚而不同居、不同居也不婚卻長期交往，各種各樣關係的維繫方式，組合交織成現在的美國。平時個人的交往關係當然是自己的私事，無須向他人報備，但在聖誕節這個家族必須集體行動的時刻，爺爺的二十歲小女友在客廳裡瘋狂拿手機追星泰勒絲，就會令人含淚詛咒他們分手，更有某阿姨再婚帶來的所謂「bonus kids」，即再婚對象與前妻所生的小孩，一同前來共度佳節，而你真的弄不清楚他們總共有幾位時，確實會造成買禮物的困擾、錢包的窘迫和腦血管的破裂。諸如此類的「modern family」現代家庭問題，真實存在美國社會，過節壓力因而沉重，讓人不禁想買張機票、移民日本。

買聖誕禮物本身也是另一大困難。

一對夫妻，兩個原生家庭，一大堆親戚朋友和孩子，每個人都需要一份禮物，每一年過節又不能重複送一樣的東西，每位親人也不能收到一樣的禮物，幾經排列組合之後，負責買禮物的女主人腦中往往產生三六五四種禮品組合，再佐以預算考量和百貨公司路線規劃，誕生出最佳化 shopping 對策，期待終能完美了結今年聖誕的購物挑戰。

終於全部買回家之後，包禮物也是婚姻一大考驗，到底是「自己的親戚自己包」，還是「以愛為名，我幫你包」，闔家哭哭啼啼、吵吵鬧鬧之中，這齣禮物大戲也總能在聖誕節前夕落幕。

然後，當繽紛的聖誕禮物在聖誕樹下就定位，空氣中響起瑪麗亞凱莉的〈All I Want for Christmas Is You〉，一年一度的聖誕佳節宣告正式展開，無論過程如何顛簸難行，內心多麼疲憊不安，一旦聖誕歌曲響起，大街小巷傳來報佳音的鈴響，深深呼吸一口冰冷的空氣，辛苦一整年的人們想必都受到了撫慰。

傳統上，聖誕節是宗教意味濃厚的日子，耶穌降臨人間，天上明亮星辰閃耀，象徵人民的心靈有了皈依，從此人間揮別懵懂，有神蹟指路。宗教始於人性，無非就是在這嚴峻的時節裡，默默傳達靈魂的安寧予庸庸碌碌的人們，忘卻過去傷痛，使其有個休憩的角落。

值此歲末佳節，「聖誕精神」（Christmas spirit）提醒著大家，和善對待彼此，慷慨無私地施助他人，向世間的孤苦之人伸出援手、提供溫暖。在傳統聖誕節的框架之下，無論是聖誕心機男友妝、小鹿斑比約會妝，還是派對狂歡夜店妝，統統都不符合真正的聖誕精神。在聖誕節這一天，耶穌彷彿男友，教堂才是夜店，應該穿上的是氣質好媳婦教堂服，應該畫上的是華麗夜半彌撒妝，傾注所有，端出最佳的自己，步出家門，行些好事、釋放善意，才能真正展現聖誕精神。

所以，當你在亞洲五光十色的聖誕派對裡狂歡，觥籌交錯之際，莫忘遠在美國的友人，遙祭美國的媳婦正在血與淚中熬成婆，發揮真正的聖誕精神，請為他們掬一把同情淚、打一通關懷的電話、發一封慰問電子郵件、安一盞心靈的光明燈，使歡快的聖誕音樂中迴響溫柔的韻律，天寒地凍的氣候裡流動著炙熱的暖流，真正的聖誕裡傳達真切的情感，讓溫馨與善意直達心底。

今天請妳嫁給我

大家都知道，婚姻是美國人的墳墓。

進入婚姻之前，要先通過婚禮之火的烈焰燃燒，以愛情的火熱對抗帳單的冰冷；以對未來生活的期盼，抵禦婚禮當下遭逢的險阻。當考驗過去，幸福翩然降臨，你會發現，銀行帳戶怎麼也人間蒸發、如夢一場。

夢境般的美國婚禮究竟是怎麼一回事？

一切的起點，始於男方有了想婚的念頭。傳統美國文化中，在向女友下跪求婚前，必須先取得女友父親的同意，以表對一家之主的尊重，也避免對方爸爸提槍上門，維護自身生命安全。男方可能會策略性地約女生父母吃午餐、喝咖啡，或是直接上門求見。通常此時此刻的空氣中都瀰漫著一種「我要來娶你女兒」的氛圍，心不甘情不願的父親大人們會開始紛紛走避，什麼我工作很忙啦、我要去北韓出差啦，逃得愈遠愈好。

但是，被逮終有時，這場雙方都很緊張的男男對峙總歸會上演。男方經典款說法當然差不多是：「您的寶貝女兒是我的空氣、陽光和水，請允許我娶您的女兒為妻，我會把她當成溫室裡的花朵、沙漠裡的綠洲，好好珍惜。感謝您的祝福。」即便女友父親在桌下的雙手握拳、青筋暴露，終究爸爸都是懼怕女兒的，所以有九成九五的機率，他會答應。

晉級之後，下一步就是求婚了。

好萊塢電影有云，美國人求婚需要一顆大鑽戒和一只膝蓋。在美國這叫做「訂婚戒指」，用來表示婚約已定，一種簽字蓋章的概念，故必須預先買好。男生買好戒指，計畫好完美的時間地點，趁著燈光美、氣氛佳，在出其不意的當下，掏出鑽戒，單膝下跪，溫柔地問：「妳願意嫁給我嗎？」此刻身為女生，當然可以在內心深處開香檳、咻蹦放煙火，但表面的矜持還是要有，壓抑住想咬咬看是不是真鑽的衝動，閃爍一下眼底的淚光，學喬治．克魯尼的太太上演一場躊躇不前，並開始計時讓對方在地上跪個二十八分鐘。等到終於可以答應時，雙方擁抱親吻，戴上訂婚鑽戒，正式揭開婚禮的序幕。

婚禮最簡易的版本是去市政府登記結婚。但美國即便選擇登記結婚也不像台灣那麼迅速，只要帶證件去戶政事務所，當天即可完成。在美國要結婚，首先必須上網申請結婚執照（marriage license）。填表的同時，必須決定女方婚後是否冠夫姓——美國絕大部分已婚婦女都冠夫姓，例如柯林頓夫人、歐巴馬夫人——當然也可以不冠夫姓，自由決定。

領到結婚執照的九十天之內，則須舉行結婚儀式。儀式當天，由政府授權的婚禮公證人（wedding officiant）帶領新人念婚姻誓詞、交換戒指，在一至二位見證人的見證之下，就算禮成。禮成之後，由公證人代替新人向政府機關提交文件、申請真正的結婚證書（marriage certificate），程序至此，就算是正式結為夫妻了。

身為一名已婚十年的婦人，我個人認為去市政府登記結婚是非常棒的選擇。美國各地的市政廳都蓋得莊嚴、聖潔又美麗，拍起照來絕美，再加上愈是簡單的儀式其實愈顯莊重，倘若時光倒流，我肯定選擇去市政府登記結婚。

登記結婚之外，絕大多數新人會選擇舉行親友同樂的正式婚宴做為結婚儀式。和傳統中式婚禮不一樣，美式婚禮的主辦方為女方。由女方家庭為圓心，策畫婚禮的時間、地點、形式，傳統上也由女方負責所有費用，但一切過程都會徵求男方的同意。

美式婚禮主要分成兩個部分，首先是儀式（ceremony），也就是交換誓言、證婚人證婚等，時常在新人所屬的教堂舉行。由於現代人不見得都有堅定虔誠的信仰，故也時常選擇風景優美的度假飯店、特色酒莊、華麗莊園，端看新人的偏好和預算而定。儀式結束之後，與會賓客會移駕至宴席（reception）地點準備用餐，為避免舟車勞頓，新人時常就近選擇適合的餐廳或飯店舉行。當然可以想見的是，飯店提供兩者皆有的包套式服務很受歡迎，替新人省去了不少麻煩。

和台灣情況相似，許多熱門日期和婚宴地點可能需要在一年前下訂。美國倒沒有什麼黃道吉日，所謂的熱門結婚季，通常以天氣舒服的日子為主。假如婚宴地點在炎熱的德州，新人自然偏好氣候涼爽宜人的春秋；如果地點在北方各州，那麼和煦的夏日陽光無疑是最好的場地布置，夏日婚禮絕對搶手，需要及早搶訂。

日期和地點決定之後，便是決定賓客名單的時刻了，得趕緊寄出邀請卡，讓賓客們及早把日期空出來。

在台灣，擬定賓客名單是一巨型工程，一場婚宴關係到許多人。新人之外，還必須顧及雙方家長，而這全部人的親戚朋友、大學同學、職場同事、新竹工業會、高雄獅子會、慈濟師姐團，再加上雙方都認可的「有臉面」證婚人，可謂人山人海，形容為兩個家庭終其一生人脈網的展現也不為過。各家庭成員心中都有一把自己的量尺，要請誰、不請誰，在座位有限的情況下，一把鼻涕一把眼淚的收尾成了常有之事。

賓客名單這件工作到了美國確實容易許多。主因是在個人主義至上的美國文化中，婚禮是一件以新人為主的事情，雙方父母比較是「受邀前來參加」的角色，和台灣「婚宴是父母的成果發表會」，意義上有決定性的不同。不難想見，光此一觀念上的差異，美國賓客名單的長度立即就砍到只剩下台灣的一半。

另外，在美國文化之下，人與人之間的黏著度較低、公私較分明，而婚禮屬於私人領域，不一定需要邀請同事參加，也沒有邀請長官的壓力，未能受邀的人更不會感到受辱，這種社交情況是雙方都理解的，因此美國婚宴上絕大多數沒有「公司同事桌」，讓賓客名單再度縮短不少。

還有一致命因素會大大降低賓客人數，那就是費用。美國婚宴完全不收禮金，每一項支出、每一位賓客的餐費，都是徹徹底底的「淨支出」。

婚禮開銷可貴可便宜，差距甚大。一般來說，如果將各種費用平均攤提至參加總人數上，每位賓客的預算基本上可抓在美金兩百元起跳，在紐約等物價高昂的都會區則約美金五百元起。在芝加哥、紐約等地，辦一場婚禮往往花費五萬美元以上，是筆龐大的開銷，為了籌備婚禮，有人甚至會去銀行貸款呢。為了保持銀行帳戶不至於爆炸得太厲害，控制婚禮賓客人數是絕對必須的。

賓客名單決定的同時，邀請卡和回函卡（RSVP）也會一併寄出，新人通常還會同步提供禮物清單（wedding registry）。美國婚禮雖不收禮金，但新人會依照習俗前往百貨公司選定一系列新婚生活的必需品，登錄在名下成為清單。登錄當下，新人無須付款，將這份清單轉發給與會賓客後，賓客可依意願選擇買下其中某項當作新婚禮物，常見選項如寢具、家飾品、廚具等。其中的邏輯是新人可以開開心心收禮物，送禮者無須絞盡腦汁揣摩上意就能輕鬆送進對方心坎，雙方皆受益，何樂而不為。

禮物清單和我們台灣人「絕對不能向人家開口要東西」的禮儀習慣完全不同，而這種絲毫不扭捏、不含蓄，也不會不好意思說的「直接寫好清單」模式，在我看來，相當程度反映出美國文化與思維，也就是有溝有通，簡單、方便、迅速和確實，達成野蠻版「新生活運動」。

有別於台灣文化中伴郎和伴娘的兼差性質，美國婚嫁文化中的伴郎和伴娘根本就是超時血汗的正職員工，擔當職責重大，個人花費也大，既出錢又出力，得負責許多婚禮雜事，例如陪伴選購婚紗、試吃結婚蛋糕等。其中又以一生一次的婚紗是許多女孩的畢生夢想，大概從七歲開始幻想至今，追求極致完美、近乎苛求，而在這條毫不妥協的追尋完美白紗之路上，新娘當然需要好姊妹首席伴娘（maid of honor）的不離不棄、一路相挺。

依照美國習俗，婚紗是用買的，一場婚禮從頭到尾僅穿一件禮服，婚禮過後便會被好好收藏起來，積點灰塵，以後女兒要結婚時可以傳承下去，非常具有紀念價值。因此在伴娘服方面，美國也和亞洲大不相同，即便伴娘禮服的造型通常由新娘決定，但是美國伴娘禮服習俗上是伴娘自己出錢買的，所以有時候新娘會和伴娘討論伴娘服，並在過程中讓對方知道禮服的價錢，確認雙方都能接受。當然，如果財務方面有餘裕，新娘也可以幫忙出錢，減少伴娘的財務負擔。

伴娘出錢出力的部分除了禮服，更重要的是籌辦告別單身派對（bachelor/bachelorette party）、新娘派對（bridal shower）。告別單身派對的規模可大可小，有時候是大家聚會喝喝下午茶或是出門狂野一夜，有時候是策畫長達一星期的賭城告別單身之旅，親密姊妹、兄弟一起瘋狂出遊，能喝就喝，從早狂野到晚，超級奔放，往往做出許多有趣蠢事，留待老時追憶，是為美式婚禮中極有意思的環節。

告別單身之旅平安歸來後，婚禮這齣重頭戲便登場了。

婚宴場地通常一個周末只會接一場婚禮，所有的婚宴器材和布置都可以在婚禮幾天前就進駐，如果辦在飯店，新人通常一兩天前就會入住，並在婚禮前一天進行最後彩排。彩排當晚，重要的家人齊聚一堂，吃一場正式晚餐（rehearsal dinner），也算是婚宴的一部分。

美國婚禮大多於傍晚四點左右開始，婚宴開始之前，相對於台灣新娘房內的熙熙攘攘，美國新娘房內往往安靜無聲，新娘在妝容完美之前是不見人的，賓客們會留在儀式現場聊天等待。

儀式正式開始時，新娘由父親牽手緩緩步入禮堂，此時此刻是新郎第一次看到自己的新娘穿著婚紗的模樣，美國傳統叫做「first look」，看到的第一眼往往感動不已，是婚禮高潮之一。緊接著，新人在簡單莊重的儀式之中交換戒指和誓言，在眾人面前簽下結婚證書，證婚人獻上祝福，新郎終於親吻新娘，儀式便宣告正式完成。沐浴在傍晚和煦斜陽中，以新人為儀式主體，美式婚禮的氣氛溫馨而隆重。

禮成後便是大家的照相時間。美國人不預先拍婚紗照，他們所謂的婚紗照，就是婚禮當天請專業攝影師記錄下整個過程而來，講求自然與回憶。在儀式後、開飯前這段拍照時間內，新人會和賓客拍下各種組合、子團體的大合照，然後賓客們可用些點心和飲料，新人則會在婚宴場地各處拍攝單獨的婚紗照。這些照片往往傳遞出大量婚禮當天的情境，非常有紀念價值，老了以後真的可以看圖說故事，意義非凡。

晚間七點左右是美國婚宴的標準開席時間，由伴郎和伴娘領軍炒熱氣氛，新人緊接在後入場。傳統台式婚宴開場總免不了各種「長官」講話，愈多大人物蒞臨現場愈顯得有臉面，長輩藉機展現家族實力，宛如一場人脈成果發表會。許多婚禮上，常見證婚人的勉勵有如滔滔江水，連綿不絕，又有如黃河氾濫，一發不可收拾，臺下賓客饑腸轆轆、眼神渙散。我自己當年當新娘時，非常明智地在新娘房內預先吃了一個排骨便當，之後上了臺便能笑看眾生苦，彈指之間輕鬆洋溢幸福，不然餓著肚子、穿著高跟鞋聽訓，哪能發自內心微笑啊，秉持的還不是電梯小姐的職業精神，咬著毛巾忍耐過去。

縣長、市長、里長、部長、班長、小隊長全部致詞完畢之後，台式婚禮上演的還有各式各樣神奇的一日藝人團體，抓緊婚宴賓客無法任意離席的大好機會，大展壓抑已久的表演欲。我曾經參加過一場婚宴，新郎母親和其所屬的獅子會姊妹穿起旗袍、梳好上海灘髮型，上臺抬起大腿、跳起〈Nobody, nobody but you〉，現場氣氛是挺歡快，但不溫馨、也不慎重，空氣中傳來不言而喻的搞笑，讓人不禁莞爾。

美式婚宴的內容沒有那麼花俏有活力，比起台灣確實單調、無趣不少，除了歐巴馬蒞臨現場應該會致詞之外，一般來說沒有「長官致詞」這個環節，通常是由伴郎、伴娘負責和在場賓客分享新人的過往點滴。因為是最親密的朋友，故事娓娓道來十分真摯迷人，再加上美國人慣有的幽默感，致詞往往有歡笑、有淚水，還有很多往日的愚蠢畫面，聽著都覺得彷彿真的見證了一段愛情，溫暖且意義深遠。

婚宴的舞池裡，新郎和新娘會開場跳「第一支舞」，第二支舞則由新娘和父親一起登場。對每個女孩子來說，婚禮是人生最重要的事，一場美好的婚禮可以挽起過去、迎向未來，圓滿牽起一生。而開場的這兩支舞，就傳遞了過去與未來的幸福訊息，用從父親身上得到的愛，灌溉出今後美好的婚姻生活。與幸福共舞，這兩支舞就是開端。接著，所有賓客下場同樂，歡愉的氣氛貫穿晚宴和會後狂歡派對（after party），直至深夜。

無論是台灣還是美國，完美婚禮代表的都是幸福的見證。相愛的兩個人在克服萬難後，搞不清楚狀況，決定昇華彼此的情感，攜手去打一個更大的怪，於是在婚姻生活的起跑點上，邀請至親好友同樂，一齊舉杯替新人加油打氣，獻上祝福。

身為一名結婚已經十年的婦女，我傾向將婚禮的主權還給新人，新郎和新娘一定要吃飽喝好，典禮溫馨隆重之餘，愛在婚禮上唱嘻哈、高空彈跳，都由他們去！畢竟所有過來人都明白，開心快趁現在，婚禮就是人生旅途上的雁門關，再過去就是關外了，可能一片荒蕪，還有匈奴，此去路上多凶險，滄海一聲笑，就讓新人在婚姻苦海中浮沉之際，猶可記今朝吧。

PART 4
美國社會小觀察

一點也不方便的美國

日前有親戚家的妹妹即將來美國念書，孩子首次出遠門，一家人都很擔心，跑來問我一些關於美國生活的問題。

我告訴他們，除非你生活在紐約市之類的都會區，在美國生活，最重要的技能就兩項：開車和煮飯。英文可以不會說，飯總要有得吃吧，所以開車和煮飯為生存之最基礎。

此時，愛女心切的天使爸爸說：「我本來還希望女兒盡量不要煮飯，因為煮飯非常花時間，而時間當然最好用來念書，要吃飯去宿舍旁邊的學生餐廳吃就行了。」

首先，研究生宿舍旁邊不一定會有學生餐廳。再者，美國的「旁邊」和台灣的「旁邊」，實際距離可能相去甚遠，美國人說的「旁邊」很可能是某個開車很近、走路卻很遠的地方。最後，美國的學生餐廳裡面可沒有飯，有很多漢堡、很多薯條、很多炸雞，但是沒有飯，沒有麻婆豆腐飯，沒有椒麻雞飯，也沒有牛肉燴飯，頂多就是「老美心中自以為的炒飯」，吃下去，鄉愁馬上滿出來，立馬哭著打電話回家，強烈不建議剛下飛機服用。最好等上三個月，味蕾徹底被美式快餐踐踏過後，再回頭吃吃看，這個時候就會覺得，雖然不知道哪裡怪怪的，但好像還蠻好吃的耶！

Well，這就是一個信號，這個信號告訴你：「Welcome to America.」

美國就是這樣一個鳥地方，要什麼沒什麼，非常不方便。所有我們以往在台灣習以為常的方便，這裡都不會有，取而代之的是無窮無盡的自立自強。如想吃上一頓熱騰騰、合胃口的飯菜，最容易的方法便是自己下廚，這樣無論你身在美國哪一州、窗外天氣如何寒冷，有功夫無懦夫，只要你想吃燉肉，燉肉就在。

此時你會想，燉一鍋肉得費多大功夫啊，何不出去買？所以我說要學開車，不然連想出門買個肉都遙不可及。在美國，沒有車就等於沒有腳。

而且啊，若認真計算出門買燉肉所花費的時間和精力，可能會發現在家下廚還比較簡單些。餐廳可能很遠，熟食可能很貴，食物的口味也不符合標準，總之最後有極大的機率，你會拽著頭髮悔不當初，早知道就在家自己煮！因此我們也發現到，住美國愈久的移民朋友，廚藝愈驚人，轉個身就能變出獅子頭和叉燒包，嚇破凡人的膽。移居美國，就是血淋淋的 before 和 after。

但凡在美國生活過的人都明白，台灣的國寶絕對是便利超商。台灣便利超商一次能做完的事，在美國通常要跑兩、三個點。舉例來說，如果需要證件照片和寄件服務，台灣有些便利超商就有證件拍立得設備，現場拍完後，在櫃檯宅配寄出，便宜又方便。迅速辦完正事以後，閒著沒事還能買買王力宏演唱會門票、匯錢團購買芒果、外帶一個熱騰騰的奮起湖便當，最後再請店員幫忙泡杯熱拿鐵，尊榮享受，一次擁有。

到了美國嘛，生活可就不是這樣子了。

要照大頭照，通常會去 Kinko's 或 Costco 等大型超市的附屬照相區，店員的態度時常要死不活，一副昨晚吃的安眠藥還沒退的半夢遊狀，也沒有你腦中浮現的窗明几淨攝影棚，僅有一片泛黃的白色背景布幕垂掛在人來人往的走道上。店員會拿一部和專業沒關係的老舊照相機，請你站在背景幕前，死魚眼地幫你拍一張醜得和鬼一樣的照片，如果你不太滿意，希望重拍，店員還會發出嘖的一聲，很嫌麻煩。不知道為什麼，一向親切友好的美國人，在從事特定服務業工作時就會變身懶鬼，一動也不想動的樹獺懶鬼。拍好後，如果在 Kinko's，現場可用昂貴的 FedEx 寄出，如果在 Costco，就必須再跑一個點才能寄出，其他什麼買便當、喝咖啡等活動更是想都別想，必得移師他處才行。

好啦，上述在台灣超商花十分鐘就能做完的所有事情，來到了美國，可能要在五個不同地點分別進行，點對點之間可能要開上十五分鐘的車，這就是美國的生活！珍貴的時間不得不經常耗損在辦理無謂的小事情上，毫無便利可言。

美國生活的不便利，除了距離遙遠、缺乏萬能小叮噹店員外，還有一項主因來自於人工相當昂貴，導致千千萬萬你想要請人做的事，三思過後都不禁卻步。

以家裡最基本的水電維修來講，什麼冰箱壞掉、電鈴壞掉、絞碎機遭不明物體入侵，如果今天在台灣，二話不說電話拿起來，一小時之內就修好了，服務費用也合理；但到了美國，拿起話筒之前，你可能會想考慮一下。

例如修電鈴吧，一組全新的電鈴大概美金四十塊，但請人來家裡修電鈴的費用約美金二百塊到三百五十塊不等，超級昂貴，而且工人做事也散散漫漫的，跟他約十點，可能十點半才到。這種修理工的遲到早退在美國真的很常見，也是像 Home Depot（家得寶）等建材工具百貨可以蓋得那麼巨大、生意那麼興隆的原因。你想嘛，如果自己上網查一下，學會電鈴修繕技巧，去 Home Depot 買個新電鈴，自己動手修，那麼所需成本馬上從美金破百元瞬間下修成四十元，真可謂「書中自有黃金屋」的真實見證，技能在手，省錢無窮。

水電服務昂貴的事實也間接成就了我「波特蘭通馬桶之神」的路，舉凡 YouTube 上大小通馬桶密技，我基本上全都試過，最後得道升天領悟一件事，最好的通馬桶絕招，就是請老公通！因為無論我用什麼 YouTube 技巧，倒什麼鬼東西進去，都不如我先生拿一支橡膠吸把，用蠻力就搞定了。

雖然在通馬桶的世界敗下陣來，我的無能並不能反映出其他旅美台女的實力。大部分在台灣肩不能挑、手不能提的女生，為了克服蠻荒，在這片極不方便的土地上生存下來，往往進化成什麼苦力活都能做。

有女生朋友為了更迅速、更實惠地整理自家後院，自己開車去 Home Depot 搬水泥磚，一天搬一些回家自己砌，自己動手造景，完成之後成就感百分百。到了需要搬家時，在台灣我們理所當然會請搬家工人，但在美國，兩個搬家工人加一輛卡車，一個小時的費用可能就要一百多塊美金，算三個房間好了，一千五百塊美金（約四萬五千塊台幣）以上絕對跑不掉。因此許多旅美台女即使帶著小朋友也選擇自己搬，把家裡所有東西逐一打包好，跑去租一輛巨大的搬家用貨卡，自己搬上車、開去新家、再自己搬下來，神力女超人由此誕生。而這，即是真實的美國力，好好一個漂亮小姐，來到美國，讓美國強健妳的體魄，逐步變身大力水手，文弱書生長成史瓦辛格，令人不勝唏噓。

美國的不便利，甚至連報警求救都很不方便，也成了美國人無法放棄手中槍枝的主因之一。

美國幅員遼闊，即使法治再嚴密、警力再堅強，很多時候還是鞭長莫及。事情發生的當下，九一一可以馬上接通沒錯，但即便警察先生開著從零加速到一百公里只需要零點幾幾秒的法拉利來救你，實際上還是得開好一陣子才會到，導致在許許多多的危急時刻，只有家裡的槍能提供救援，保護家人、抵禦外敵，在 wild wild west 狂野西部，靠得必須是自己。當我們聽到日本每隔幾個路口就有一間派出所，日本警察閒來無事還會拿根木棍在十字路口晃悠、幫人指路，各種免費又便民的「警力服務」總是讓住在美國的我們大感不可思議，怎麼可以連被保護都那麼便利。

美國所有的不便，間接築起了一個全然不同的生活方式。

胡亂想像一番的話，你可以從富足、摩登、現代化的社會生活往後退後再往後退，退到山頂洞人時代，時不時要自己蓋個院子、修個雨遮，心情再怎麼不好也得自己煮飯，閒暇的娛樂則是看其他山頂洞人撞來撞去亂丟球。

以上雖是誇張的玩笑話，但因為種種不方便而導致必須堅強、獨立、努力地生活也是不爭的事實，更讓人覺得美國雖有一百種好，這一百種好處加總起來，都比不上一家台灣街角的便利商店，以及裡頭傳來的、濃郁而溫暖的家鄉生活味。

積極熱情的美式「好」服務

以台灣的標準看來，美國可以說是一個沒有服務業的地方，不僅人的態度不嚴謹，連系統、硬體設備很多時候也相當「古意」。

我們剛到中西部時去銀行辦理跨國匯款，銀行辦事員的態度親切和藹，但是他的動作真的好慢，每做一個步驟都要確認三五次，聊天聊個三五句，然後再做下一個步驟，而且慢的不僅是他，連他的電腦也超級慢，不過是匯個款，竟然辛苦到必須重新開機。僅僅如此一個簡單的動作，我們在那電腦前等了兩個小時不止，況且又帶著孩子，更是度秒如年。

假如今天在台灣，可以想見情況將完全不同。銀行空調多麼涼爽，行員小姐多麼溫柔，而且非常非常聰明，一次可以辦理兩三組人馬匯款，還能順手奉上這裡一杯熱咖啡、那裡三杯熱奶茶，轉過身推銷起銀行最近推出的投資型保單，超級利索、超級能幹，重點還都長得很漂亮。哎，台灣真是寶島啊，美國具備這樣條件的銀行行員真的一個也沒有，光問他們：「這裡兩杯咖啡，那裡三杯咖啡，總共需要端幾杯咖啡？」就感覺為難，二加上三等於多少，他們有可能算不出來，即便算出正確的五杯，走進去端咖啡的路上和同事講講笑話，還是有可能端著四杯走出來。無庸置疑的老美，工作紀律徹底為零。

像銀行行員小姐這樣，有辦法同時提供多項服務的能力，在台灣社會很普遍，一點都不覺得特別，但我旅外多年後才意識到，「多工作業」的特質其實在世界上其他人身上很少見到，特別是美國人，完全沒辦法。

台灣人「可以同時進行許多事項」的能力，加上「所有事情都可以喬一下」的社會共識，默默地將台式服務變得有聲有色。從最簡單的小吃店點餐開始，菜單寫「加湯加麵不用錢」，代表你可以對老闆說：「老闆，湯多麵少一碗，麵多湯少一碗，正常一碗。」三位客人，三種客製化，老闆眼睛都不用眨就上菜了，這在地球上任何其他地方都沒辦法做到。與此同時，對面飲料店還送來了三杯內容各異的手搖飲，將產品直送到別人家裡，這家的老闆不介意、那家的老闆也不介意、客人本身當然沒問題，如此變化多端的生活方式，叫老美如何得以招架？

在美國，不但壓根沒有能夠變化的點單，菜單上有什麼就是什麼，沒有任何〇．五的空間，他們連一般正常點單都不見得能做好了，更不可能發生外送到別人餐廳一起吃這種事，簡直是亞洲十大不思議之一，光基本的服務小費該怎麼算就難以說清，計較起來太困難了嘛。

上回我去波特蘭一間有名的早餐店用餐，他們主打無國界料理，我請店家將韓式炸雞飯的辣度調整成微辣，他們立刻告訴我辣醬是事先做好的，無法調整辣度。我當下心想：「辣醬加少一點不就比較不辣了嗎？美國人到底是怎樣！」小小實例，足以顯示美國腦袋的運行方式和台灣差距甚大。美國加油，好嗎？

說到「多工作業」，不得不提及上回我看到一篇報導說，有間投幣式洗衣店充滿創意地結合了咖啡館，讓所有等待衣服洗好的顧客都能在優美的環境裡喝杯咖啡。我想這有什麼，台灣隨便一間街角家庭式理髮廳的理髮阿姨，手起刀落剪頭髮的同時，左手兼賣熱水器，右手兼賣壽險，前方放著兒子當房仲的名片，女兒還在二樓教鋼琴咧。多功能、超靈活的服務在台灣是基本，哪由得美國人大驚小怪。報導中這類「綜合商店」完全不是美國人習以為常的方式，美國的點對點之間走的是直線，剪頭髮、買水果、修鞋子，各種服務都有各自的位置。我猜大部分美國店家壓根沒想過「異業結合」，簡單的事情一項一項做，才是他們習慣的方式。

再者，若說到「服務精神」，美國基本上是沒有的，至少不是亞洲普遍認可的水平。

美國人心中的優質服務，追求的是積極認真、熱情洋溢。在美國，客人和店家是平等的，他們沒辦法做到鞠躬盡瘁、顧客至上，客人也未曾嘗過嬌貴的滋味，因此不常見到客人在櫃檯前大呼小叫，店員低聲下氣頻頻鞠躬道歉的情況。倒是比較常見到客人生氣，店員更生氣，一副「不然你要怎麼樣」的態勢狠狠直視對方，再亮出「我們有權拒絕服務任何人」的底牌，請對方走人。

我曾在星巴克目睹一位壞脾氣老太太因為不耐久候，在等待取咖啡的後方區域對店員大發脾氣。當時那位年輕的男店員停下手邊的工作，大聲回應她：「今天人潮眾多，我們已經盡力，難道你希望我跳過前面所有顧客，直接先做你那一份嗎？」一整排在等咖啡的客人馬上抬頭盯著那位老太太，畢竟誰也不想多等！結果戰敗的老太太只好安安靜靜繼續等待了。男店員沒有道歉，因為根據美國服務業的邏輯，他其實沒有做錯任何事，只是沒有八隻手而已。人需要為了沒有八隻手而道歉嗎？我想不必。

或許是美國住久了，我覺得服務業從業人員也是人，也很認真工作，到底為什麼需要整天忍氣吞聲？遇到不合理的對待，我強力支持他們應該站出來替自己說話！前一趟回台灣，重溫了台灣店員、服務生、客服小姐溫柔酥麻的態度，我差點沒緊緊擁抱她們不放，實在太敬業、太努力了啊，她們才應該理直氣壯收下十五到二十％的小費。

若你說服務態度關乎工作態度，這裡也有一點關鍵的不同，那就是美國人只做份內的事，同時「只做份內的事」是資本主義下天經地義的觀念，每多出一分鐘的服務，都需要付費，沒有白吃的午餐。

於是乎，若碰到小學老師做成績的日子，學校會停課，孩子由家長自行帶回，因為老師沒辦法一邊做成績、一邊顧孩子；若政府刪減了公立學校的預算，新的預算很快就會反映在學校的日程表上，換算成教室能夠運轉的時數，經費不足的解決辦法是提早下課，孩子們由家長帶回，自己想辦法照顧。換言之，美國社會的基本運作方式是有多少錢，做多少事，沒有「共體時艱」、沒有「堅守崗位」。想想的確合理，這也是美國社會不虧待彼此的方式吧。

多年旅外生活與美式服務的交手中，最令我備感痛苦的非「打客服電話」莫屬。並不是因為英文很卡，要知道，人在吵架或抱怨時，外語能力會瞬間突飛猛進變成徐薇老師，語言從來不是問題，問題在於美國客服系統那堅定不移的「死不認錯」、「絕不服務」決心，每每必定讓人氣到捧心。不瞞您說，每次打客服電話之前，我一定先去趟洗手間，準備好咖啡和水，完全以跑馬拉松的心情來準備。很多時候，例如打美國主要航空公司的客服電話，戰爭一開始就結束了，因為根本沒人接！語音系統轉接一百多次之後，被某印度人掛電話，或是電腦會請你留下電話號碼，靜待回電，但是從來沒人打回來過！又或是打回來時快速響兩聲就切斷，以玩撲克牌遊戲「心臟病」之姿考驗你的肢體反射。總之，不論是想客訴、想兌換、想罵人，結果卻是連想吵架都沒對象，客服系統設計之差，讓人仰天長嘯。

即便電話順利接通，距離你想達成的目的，其實還有相當遙遠的距離。在台灣，親切的客服小姐們通常電話一接起來馬上口頭道歉，一路不停說著「真是不好意思」、「很高興為您服務」等，如此酥麻、貼心的溫柔，在美國恐怕很難聽見。美國的客服人員提供的是禮貌，但大概不是貼心，肯定也非「顧客至上」。有回朋友買了洗衣機，衣物怎麼都洗不乾淨，決定打電話回去退貨，對方認為「洗衣機運作得好好的，沒有問題，不需要承擔退貨責任」。朋友生氣得很，質疑「洗衣機洗不乾淨不叫『壞掉』，怎樣才叫壞掉」？對方回答：「如果你要這樣想我也沒辦法。這個洗衣機沒問題。」兩手一攤，堅持不收。我的產品非常棒，即使你覺得它不棒，它還是非常棒。這個故事聽到這裡，是否讓人萌生想燒掉電話線的衝動？

有回我發現電信公司莫名超收費用，帳單不正確，打電話去「更正」兼吵架，遠在印度的客服人員聽了狀況之後，表明理解，但需要和他的主管確認，請我在線上等他一下。結果這一等，足足等了四十五分鐘。一個手持電話的人，在四十五分鐘之內，心裡到底上演了多少場內心戲呢？四十五分鐘耶，手機都可能沒電了！經此一役，我總算知道為什麼美國人愛把客服中心設在印度，因為倘若設在美國本土，無論多遠我都會開車去揍人！氣死人了！美國這個國家的客服水準？那就是沒有客服，只有「客怒」！

這也讓人不禁思考，美國人怎麼會這樣？沒有上進心也要有基本程度，到底把「顧客至上」放在哪裡？

台灣社會深受日本文化影響，在服務客人上可謂「鞠躬盡瘁，死而後已」，發自內心想照顧客人，既有這份決心，也有這份毅力，而且毅力至深，就算遭受不合理欺侮也毫不反擊，因為「客人永遠是對的」。

老美可不這麼想。美國是地球商業社會的典型，是資本主義的搖籃，美國人是用資本主義中商業營運的角度思考「提供服務」的意義所在。為什麼要提供客戶服務？目的不外乎希望每位顧客都能回頭再次消費，讓企業和商家增進營業額、賺更多錢。因此，如果不能賺更多錢，幹嘛要提供服務？當然不需要了。又，在顧客回購率相等的情況之下，已經知道客人會再回來，那提供最最基本、最最便宜的服務就好啦，反正都會回來了，幹嘛花這個錢。客戶服務很昂貴耶，要聰明、節省地使用。在商言商，這就是美國企業的邏輯。

由此可以明白，為什麼當我打電話過去時，客服膽敢讓我等待四十五分鐘，那四十五分鐘是血的試煉，如果我不耐久候掛斷電話，公司不就省下一筆了嗎？看似糟糕的客服系統實際上並不糟糕，或許還經過嚴密的規劃和審慎的員工訓練呢，只不過美國公司的出發點是「企業至上」、「股價第一」，大大不同。身為顧客，如要感覺被捧在手心上疼愛，只能麻煩您轉機去日本了。

台灣式便利又貼心的服務就像空氣，唯有失去了，才感覺珍惜；同時也領悟到，原來生活中隨手可得的效率，竟然建立在服務業中那麼多人犧牲休息時間、犧牲自我尊嚴之上。更別提有許多工作人員不止是盡本分，而是確實地將所謂職人精神推向極致，以客為尊、顧客至上。身為顧客的我們，務必好好疼惜這些第一線的服務人員，他們是台灣勤懇精神的所在，倘若不是他們，哪來台灣舒適又便利的生活？

胖胖的養成

女兒上小學第一天，是媽媽人生的轉捩點，與其說是階段性任務達成的喜悅，倒不如說是歷經千辛萬苦最後爬到這裡的「終於」。孩子上學帶來的最大挑戰之一是午餐便當，走進美國校園，試圖成為這多元飲食文化的一分子。該帶什麼好呢？

便當首發，我扛出了壓箱寶「燉牛肋」，期待女兒拿出來時能驚動武林，轟動太平洋兩岸，嚇得小老美吃手手，結果小老美們哪裡吃手手，他們吃的是零食。

猶記得童年時常常試探媽媽可否吃餅乾當午餐，屢敗屢戰，百次遭拒仍然要問。而這遙不可及的夢想，就在海的彼端實現了。

女兒上學後我很快發現，美國小朋友午餐便當內的食物，和我們腦海中預設的不太一樣，時常可見我們當年在福利社背著媽媽偷買的「違禁品」，如蘇打餅乾、消化餅、小包裝的葡萄乾、果凍杯，部分班上孩子的午餐袋打開簡直是SOGO百貨的北美零食特展，完全是台灣母親恐懼的總和，形成不可能的熱量、亂吃者聯盟，不天然，也無從新鮮起，更是缺乏營養價值。

超市零嘴大軍之外，基本主食不外乎三明治、披薩、炸雞、鬆餅、漢堡和薯條。如果學校附設廚房，提供的主食同樣是這些，頂多再附上水果、小紅蘿蔔棒和牛奶。小朋友喜歡歸喜歡，吃進去的熱量高，不胖也難，尤其缺乏綠色蔬菜，營養不均。要知道，許多美國小朋友認為馬鈴薯是一種蔬菜呢。

當然，並非每個家庭提供給孩子的都是不健康的食物，而是非常的兩極化。重視健康飲食的家庭端出的是有機蔬果、乾淨不油膩的蛋白質來源；不在乎飲食健康的家庭則持續攝取高熱量、高鹽分、高糖分的食物，炸雞、披薩、現成微波餐等。而後者又占了美國家庭的絕大多數。

小孩子的飲食習慣其實充分反映了美國的飲食文化，亦即方便、快速、重口味，外加大份量。大人吃的食物大致上和小孩無異，只是更鹹、更甜、脆皮更厚、分量更大，姚明尺寸那麼大。根據宇宙盛傳的「吃什麼長什麼」定律，美國就此正式攻頂成為世界上最胖的國家之一。「過胖」幾乎成了美國日常生活的一部分。在某些地方，幾乎人人過胖，大家已經習以為常，以為人本來就是那麼胖，集體胖到忘記人類正常的體型，所以也未曾想過改變、追求更健康的身心。在我看來，真的是太可怕了。

缺乏適當運動也是肥胖症蔓延的主因之一。美國幅員廣大，基本上沒有靠雙腿走得到的地方，想去哪裡都得開車。於是乎，沙發馬鈴薯們從沙發啟程，走到車上，身體保持不動地開車抵達目的地，事情辦完之後再度開車回家，直線回歸沙發。長此以往，小馬鈴薯長成大馬鈴薯，只胖不瘦，指胖胖豬為瘦皮猴，嗚呼哀哉。難怪《慾望城市》的凱莉瘦成那樣，她住紐約，又愛漂亮，不得不穿高跟鞋在地鐵站走來走去，這可比上健身房猛烈多了，絕對能瘦身。

又，凱莉最喜歡的運動是逛街 shopping，但沙發馬鈴薯們最喜歡的活動是電視賞析，便宜無負擔，比起昂貴的健身房、各種需要場地和教練的休閒，在家坐著看電視、滑手機，才是最經濟實惠的嗜好。對於生活不那麼有餘裕的人來說，吃飯錢都不見得夠用，待在家是個合情合理的選擇，而這個事實也充分助長了肥胖的蔓延，造成當今美國人對於健康問題的漠視，短期內還看不到改善的希望。

另一個阻止美國人變瘦的原因，在我這異鄉人看來，是文化。

美國文化是稱讚文化，是互相拍背說好話的文化，是「大家一起坐下來，想想我們今天做了哪些好事情，我們怎麼會棒成這樣」的好棒棒文化。這樣的氛圍中，任何形式的批評都是不厚道的行為，美國人無法接受。即便肥胖已是上帝也知道的事實，當你說出來，你就是壞人，就是所謂「body shaming」，藉批評身形來汙辱對方，因此閉口不言是常態，默默增重成了頭也不回的社會現實。美國人真的真的不想聽人說他們胖，因為「我們只是典型美國身材的美國女生，何錯之有？」沒有認知，何來改善，變身超模，此生無望。

日前有個減重瘦身節目叫做「Revenge Body」（腹仇者聯盟），主要訴求是藉嶄新的魔鬼身材向前男友復仇，讓對方後悔分手。節目尚未開播就引來極大爭議，老美普遍認為以「取悅他人」為減重目的是不健康的心態，胖又怎麼了，難道胖就理所當然該被分手嗎？此節目暗中植入的想法嚴重違反美式精神，遭遇嚴正抵制。以上觀點我雖也同意，身材完全不該是建築感情關係與否的條件，另一半變胖變瘦我都會生死相許、不離不棄。但話又說回來，既不為取悅他人而減肥，也不因遭受批評而減肥，自身的健康自覺又低落，請問到底要幾時才開始減肥呢？

在肥胖天平另一端的美國，是極致養生、拚命講究、穠纖合度的瘦子國度，由好萊塢明星領銜主演。這個國度裡的人熱愛運動，關注身體，非常在乎吃進嘴裡食物的品質。許多高檔有機超市因應此一長命百歲族群而興起，其中最具代表性的非「Whole

Foods」，全食物精品超市莫屬。

Whole Foods 平時是明星獵場，在此可捕獲大量野生名人，對於靠身體和外貌吃飯的演藝明星和運動員來說，Whole Foods 販售的各種新鮮、有機、無添加食品具有高度吸引力，標榜的各種新式理念也非常符合現代潮流，包括鼓勵當地農產、減少食物里程；店內販售的產品必須友善環境；肉品、雞蛋必須人道飼養；進口咖啡豆必須符合公平交易原則，將應得的利益歸還給咖啡農戶等。說實在，沒人真懂「公平交易」具體是哪門子原則，農人「應得的利益」到底又有多少，但大家都明白字裡行間訴說的，其實是滴水不漏的上流感。

不過，這類精品超市有一項專業確實造福眾人。美國因為多元種族的緣故，高度食物過敏者眾，精品超市內細膩精緻的食品採購和分類，照顧了這些有特殊食物需求的人，讓他們很容易買到乳糖不耐者食品、麩質過敏者食品，如米製麵包、米製麵條，不含奶、蛋、小麥的超特殊蛋糕等，輕鬆維持身體健康。

在食品法規嚴密、食品安全有保障的美國，吃得健康並非難事。站在胖胖老美和維密超模之間的，是能吃就是福的過時飲食習慣、能坐就不站的懶骨頭特性、永不低頭看肥肚肚的自尊心，以及足夠購買健康食物的金錢。而且無論是其中哪一項，即便回頭立馬是岸，以目前的態勢來看，恐怕還是很難做到。

老美似乎也意識到了這一點，他們的因應之道是「集體自動降級」，一邊喝可樂，一邊把L號衣服標示成M號、M號標示成S號。簡單，易辨，大家開心，心理超級健全，十足美國風範，至於減肥瘦身，先等我吃完這份漢堡再說。

行走的美國文化

二〇一九年可說是金．卡黛珊（Kim Kardashian）一大家子的年度，不管是網路上或實體雜誌、百貨公司裡的人形立牌、路邊的廣告，放眼望去全都是這恐怖的一家人，背後靈等級的如影隨形，令人打一百次冷顫。

台灣人或許不見得知道這莫名其妙的一家人打哪裡來，但在美國，他們的知名度可比蔡依林或林志玲，可謂無人不知無人不曉。換句話說，就是想不知道也不行，他們到處赤裸出現，上餐廳不穿上衣，運動也不穿上衣，上冰山、下冰雹，絕不穿上衣，可謂忍人所不能忍，懸梁刺股不穿上衣。久而久之，大家就從「咦？上衣呢？」轉變成「上衣沒穿呢！好合理」。荒唐久了就成日常，哪天突然穿了件正常上衣，說不定又要上報了。

金．卡黛珊是誰？她是一位靠性愛影片出名的所謂「社交名媛」，也就是沒特別做什麼事情的人的代稱，既不是歌手，也不是演員，卻整天出沒在媒體面前的某位有名的人。靠性愛影片成名之後，她和她的姊妹們以美少女戰士團隊之姿快速進入美國人的生活，開始有了自己的實境節目，內容主打她個人誇張的巨大屁股和超細腰肢、漂亮的豪宅和姊妹們的各種愛恨情仇，誰和誰交往了、誰又和誰分手了，某方面來說還蠻家常的，和台灣巷口太太們的流言轉來轉去，好像也差不了太多，顧眼睛且傷腦袋，完全符合衝高收視率的一切條件。但話又說回來，巷口太太總是有穿上衣，屁股的尺寸尚稱大小適中，所以口味不夠重、看點略顯不足，如果她們全部穿透明衣服或肉色超級緊身衣在巷口聊天，肯定也能轟動網路、上上晚間新聞的吧。

總之，展演卡黛珊家每日生活的一系列實境節目為這家人贏得了巨大的商業成功，以實境節目為基底，她們全家開始手牽手八方拓展演藝事業。

欲維持名氣的首要條件，便是得持續有名。她們彷彿秉持這股「我要上頭版」的決心在過日子，好的新聞、壞的新聞，只要能夠引人注意，就算被罵，那也是好事一件。才不會讓你忘記我呢！

若真要探討起來，「上版面」這件事情本身的確是一份全職工作，得要日日有驚人衣著、日日發驚人之語，哪天想怠惰偷懶穿件保暖一點的衣服、溫暖一下長輩，那可不行！一旦今天沒人跟拍，就等於一天沒有打卡上班，今日便算工作失敗了。這樣看來當性感女星也得能吃苦，希望金．卡黛珊的粉絲有定期寄暖暖包和薑茶給她暖暖身子。

確實啊，性感話題女星這個行業充滿了競爭，畢竟胸部人人都有，二十歲的女孩到處都是，憑什麼鎂光燈總停在她們一家子身上呢？因此持續不斷推出辛辣話題以維持熱度非常重要，稍稍不留神，旁邊又冒出一個光溜溜大屁股的競爭對手了。所以你說她們為什麼不停和籃球明星、饒舌明星約會，為什麼不停做可怕的整形手術，一切只為了持續站在脫星之巔。暫且不論這份職業的荒唐程度，這股「我要奮發上頭版」的決心和持之以恆穿著布料超少的衣服，也算是某種美國式的「天道酬勤」吧，實在很難說這一切不是恆毅力的展現，要是我早就穿上外套了！

我一直認為，所有眼睛看著離譜的事情，背後肯定有其值得學習與思考的地方，即便是橫空出世的脫星也一樣，愈荒唐愈值得探究。金．卡黛珊一家人可批評的地方太多了，沒才華、沒文化、膚淺、拜金主義、帶給社會完全不正確的價值觀，還有無聊。可是多少年過去了，她們還在，而且聲勢浩大，屹立不搖，由結果看來，她們絕對是做對了什麼，而從她們的商業成功，我們更能了解美國人到底如何看事情。

首先是性愛影片女星出身這件事。

性愛影片女主角事後還能在社會上大搖大擺地生活，這事應該只會發生在美國。當金．卡黛珊被問及這件往事時，她表示：「這的確不是什麼值得驕傲的事情，但這件事把我帶入了公眾的視線，我會加倍努力證明自己的實力。」嗯，我想不出比這更美國人的說話方式了，意思是「我有缺點、我不完美，但又怎麼樣，我依然棒，人生前途永遠無量！」要擊倒一個美國人不是那麼容易的！華人總愛說「知恥近乎勇」，在二〇一九年的美國，似乎不知恥才是永保生存的終極方法。只要自己決定不倒，便能不倒，此為真老美也。

再來是美國人制定遊戲規則的能力。

老美很愛稱讚人或事是「game changer」，意思是說，這個東西冒出來以後，整個賽事驟然改變，舉例來說，如果是產品的話可能是 iPhone、如果是人的話就是周杰倫。而想當 game changer，首先得與眾不同。

雖然刺耳且討厭，但我認為金．卡黛珊確實是 game changer，在她冒出頭之前，全世界的女生都拚了命把大屁股藏起來，誰不是整天節食、穿長版上衣，只為了讓屁股這東西憑空消失，但金．卡黛珊不一樣，她知道自己的身形，擁抱自己的身形，將自己的身形推向全世界。你躲在家裡節食的時候，她可能還去醫師那裡擴充呢！

勇敢推翻世界只愛奧黛麗．赫本和葛妮絲．派特羅的現實，改變世人對美麗的定義，發覺大屁股的可能性，在侷限的市場之中殺出一條鮮明的血路。金．卡黛珊和她的屁股的崛起，說明人生就是一場戰鬥，絕不因為自己骨盆大而退縮，要退你自己退，卡黛珊家打死不退。堅持久了竟開始引領風潮，改變社會對曲線女孩的看法，也改變了豐腴女孩們對自己的看法。經過這一場不知道哪裡來的革命之後，美國豐腴女孩們確實更有自信也更受歡迎了。社會規則誰說了算？誰足夠愛自己、誰足夠勇於上前，或許就能得大聲說得算。

然後是面對商業浪潮來襲時的應變能力。

這家人粉墨登場的媒介是電視上的真人實境節目，但她們真正發光發熱的舞臺是Instagram。在Instagram這新平臺上，卡黛珊家定期貼上各種獵奇、豪奢、裸露的照片，現實與荒謬交錯的影音內容，徹徹底底抓住觀眾的心。當電視的影響力漸漸式微，大家的目光轉向手機APP時，她們用銳利的嗅覺追蹤觀眾在哪裡而且絲毫不戀棧，第一時間轉移經營重點，把所有誇張照片曝光在應該曝光的地方，既即時又具效果。感知潮流的能力可謂站在風口浪尖上的必備條件，由此可知，她們的成功確實有肉體以外的原因。

最後是美國人最拿手的一項：銷售，把所有想得到的東西，統統賣出去。

在資本主義美國，名氣代表財富，人們理所當然應該把自己所擁有的號召力變成收入，天經地義，不做是笨蛋，卡黛珊一家人就是這條資本路上的虔誠信徒，基本上所有能開賣的產品她們都有在賣。

我不久前看到金．卡黛珊在Instagram上廣告她的美妝品牌推出的奶頭膠帶。天啊，那到底是個什麼東西？它是假如女生要穿深V服裝因此無法穿一般內衣時，用以取代內衣的產品，和新娘祕書使用的封箱膠帶是同樣的道理。聽完是否感覺玄妙且不可思議，但是由金．卡黛珊來賣，又讓人覺得好合理。整個地球上如果要挑選一人為此產品代言，此人非金．卡黛珊莫屬！如此可怕的過目不忘，就是她們這家人驚人的本事。

還有，她們家小妹莫名其妙跑去做了豐唇手術，把自己的嘴唇弄成和赤木剛憲一樣，上盡了八卦報紙的版面。既然報紙滿天飛，乾脆順勢推出美唇彩妝組合吧！既離譜又古怪，但好像又有點合理。無論社會大眾的看法為何，結果就是該組美唇彩妝大賣，她們更順勢壯大了自家的彩妝公司，將小妹推上「史上最年輕億萬富豪」之路，甚至擊敗了臉書的祖克伯，極度誇張之能事。我也只能說美國的消費者抱持著「英雄不怕出身低」的寬廣胸懷，嘴唇也不怕人工產，it's okay! 照樣爽快買單。你說她們一家人是否突破銷售的疆界，那當然！自此往後哪還有什麼銷售規則可言，想賣就賣，just do it!

特別想寫一篇文章討論卡黛珊家族的不思議怪現象，是因為她們代表的正是最淺顯、最大眾的美國流行文化，甚至美國文化背後的商業行為都清晰可見，一般美國民眾在意什麼、不在意什麼，遇見批評的公然無視，遇到機會的勇於接受，點點滴滴皆反映了這片土地上的人極有趣的思考模式。當然，成長於亞洲的我們大概很難接受世上有如此超乎常理的事，但我覺得邊看邊罵也是好的，用一種觀察靈異事件的心情接觸看看，說不定看完還能有所體會。就讓我再強調一次，每件荒唐無比的事情，背後必有可以學習的地方呀。

只是有點不一樣

今天是開學周的禮拜四，和新同學一起上課已經進入第四天，誰會插嘴、誰會拉頭髮，本尊應該都已經現形了。上小學與其說是去課堂上學習知識，更重要的是讓整天在家生活、緊緊依附各自家庭文化的孩子，體認到世界上有不一樣的生活方式，有些人家是早上洗頭髮、有些人家是晚上；有些人家爸爸有頭髮、有些人家爸爸沒頭髮，所以不用洗；有些人吃三明治、有些人吃墨西哥捲餅、有些人吃白米飯；有些小朋友愛說話、有些小朋友愛告狀、有些小朋友愛吃便當；有些小朋友跑步很快、有些小朋友走路很快、有些小朋友沒辦法走路。

知道和看到是兩回事，即便頭腦知道，實際眼見為憑、身在其中的瞬間，仍舊不禁會驚訝：「原來其他人是這樣啊……」那位輪椅女孩的情況，應該就是如此吧。

每天早晨八點十五分是開校門的時刻，孩子們會於八點十五分到八點三十分之間進入教室，在那之前，每個早到的孩子都必須在校門口，依照年級排成一列等待。我在開學第一天就注意到那位輪椅女孩了，她和我家女兒一樣是新生，也是隊伍中的一分子，坐在輪椅裡好好排隊，唯一不同的是有位專門的輔導老師陪伴在旁邊。當時我想：「美國真好，是個包容的地方，讓有特殊需求的孩子也能和大家一樣坐校車上學，感覺自己和別人其實都『一樣』。」

時間快轉到禮拜四放學，我陪女兒在學校遊戲場玩了好一會兒後，手牽手走向停車場準備回家，經過學校正門口，看到輪椅女孩坐在地上，很明顯拒絕再坐輪椅。輔導老師在一旁勸說，校車司機和一輛低底盤校車等在路邊。

輔導老師：「再也不坐輪椅了？如果不坐輪椅，妳要怎麼上公車？」問話的語氣就事論事，彷彿在說：「不用筷子要怎麼吃飯？」

在學校遇見了許多同年紀的孩子，天真的孩子可以很溫暖，卻也可能非常殘酷。又或者現實本身就已足夠殘酷。將內心的悲傷反應在此刻的倔強上，過了四天的校園生活，我猜輪椅女孩想和其他人一樣。

此刻校門口雖有許多孩子和家長，卻沒有半個人駐足，大家不約而同帶著淺淺的和善經過，這種集體不插手、不評論，其實是深刻的禮貌和貼心。一個傷心、鬧小脾氣的孩子嘛，誰家孩子不鬧脾氣呢？尊重孩子和老師，閉上嘴巴，回家。

那位輔導老師同樣充分賦予了孩子尊重。面對這種僵持不下，老師需要傳達的是一種感同身受的體會，扶持孩子之餘，也教導她面對逆境時需要的不卑不亢。此時過度使用同情語氣和她說話，只會更加催化自憐的心情，無助她勇敢自立；更不要大庭廣眾下的拉拉扯扯，那會在心底留下傷痕，抹煞她喜愛學校的可能性。最好的方法就在眼前，給孩子多一點點時間，讓她在地上耍賴一下、哭鬧一下、擁抱一下自己的悲傷，等這位五歲女孩好好擁抱過自己後，就更有面對世界的勇氣了吧。

木村拓哉說過了，真的沒辦法時，就讓自己放個長假。木村拓哉都去放長假了，難道這女孩不能在地上肆無忌憚地歇會兒嗎？我想可以的。稍作歇息之後，還是會坐上輪椅。坐上輪椅人生才能前進，不卑不亢地前行。

美國曾經有一位坐輪椅的小羅斯福總統，堅毅地帶領國家度過了艱難的二戰時期。生長在這個國家的孩子，即使身體不便，人生依舊有充分的可能性，美國父母和整體社會環境對他們的將來仍舊給予期許。那種感覺和一般父母對子女的期待完全一樣，希望孩子們長大以後當軟體工程師、律師、作家，過著幸福快樂的日子，不會因為沒辦法走路就不設想以後，不認為和大家一樣平凡地工作上學是妄想。因此，為了長大成人，輪椅女孩必須去上學，受教育、寫作業、拿到一份好文憑，同時學習生活自理，和其他所有小朋友一樣。過程中任何不一樣的部分都要靠決心、毅力和樂觀心態克服，小學是這趟旅程的起點，絕對不能放棄走入人群隊伍之中，再怎麼流淚，都要堅持繼續上學。

除了提供教育，為了讓行動不方便的人能好好一起生活，美國社會努力提供各種無障礙環境。無論是百貨商場、學校、圖書館甚至展場，幾乎都能見到無障礙專用坡道的蹤跡，主要出入口也總會有一扇無障礙自動門，手掌一按，裡外兩扇門自動打開，方便行動不便的朋友進出。幾乎我去的每個停車場都有身心障礙人士專用停車位，車位前方架設藍色輪椅圖案的標示牌，地上畫有圖案，提醒駕駛不得違規停車，違規者處以罰金。大部分公共場所的洗手間內，最後方通常都備有身心障礙人士專用洗手間，廁門設計得比較大扇，方便輪椅通過，裡頭的空間寬敞，牆上還有特殊扶手，甚至在一些比較高級的商場裡，專用洗手間內有時候還設有獨立洗手臺和鏡子，讓身心障礙朋友更容易使用。無障礙空間的設置在美國是普及的，可以感覺得到社會上有份一起努力的心，希望身體不方便的朋友們生活起來能夠更「方便」，方方面面盡量都能和大家一樣。

另一方面，給予這些朋友正常生活希望的是整個社會。在美國，身體不方便的人在職場上的被接受度高，有極大機率找得到一份正常的辦公室工作。事實上，我想不通為什麼不行。假如今天我是雇主，我真的很願意提供工作機會給這些朋友，畢竟普天下所有在辦公室工作的人都知道，每天早上一坐進自己的隔間之後，除非要參加下午茶團購，壓根很少移動自己，不然ＯＬ女生的屁股為什麼會隨工作年資逐年變大，呈現徹底的不可逆反應。輪椅女孩只要腦袋裡有墨水，當然可以從事辦公室工作，完全沒有不可行的理由。在廣為接納這方面，美國公司和社會整體確實做得挺好。

當然，最終重要的仍是打從心底的接納。當孩子看到行動不便的人時，基於純粹好奇心，往往忍不住當場詢問為什麼，面對「媽媽為什麼那個人坐在輪椅上？」大人的直覺反應絕對是「噓，不要這麼說！」一派尷尬地想讓孩子趕快安靜下來，就怕失禮，也怕傷了對方的心。對於這種所謂的「窘境」，旅美這些年我習得了一些新想法和做法。要知道，行動不便的人受傷的是雙腿，不是耳朵，孩子提出疑問的當下，他們理所當然也聽見了，與其說孩子直白的問句傷人，媽媽閃躲動作背後的意義更令人傷心。縱使對方可能已經傷心了一百次，我們依然希望改善自己的行為，讓傷心停在第一百次，就此止步。

我在新聞中見過一名退伍美軍向小朋友說明自己的殘疾來自戰爭的殘酷，他參加了保家衛國的戰役，因此受傷，而這個傷使他行動不方便。他的傷殘如此而已，無關丟臉，也無須遮掩，當孩子們有疑問，他據實以告地對孩子們說明。這種大方、處之泰然的態度，代表的就是一種徹底的接納，被自己、被社會，包容與理解。

如果我的孩子以後當街問了這類問題，我期許自己能停下腳步，耐心和善地對孩子說明造成殘疾的原因有很多，可能受了傷、可能生了病，並引用美國知名卡通小老虎丹尼爾（Daniel Tiger's Neighborhood）的說法：「我們某些地方不一樣，但在大多數的地方，我們還是一樣的。」這是事實！相同之處遠多於相異之處，同樣可以一起生活、一起玩，只是生活上需要多些互相幫忙，玩的方式可能有點不一樣，僅此而已。從這個角度去看，充分接納便變得容易許多。

面對身體不便的孩子與大人，疼惜與幫助當然是必須的，但有時候我想，只要是人類都不想被當成一塊豆腐吧。人生在世，絕對沒有人希望一輩子都沒人對你有所要求與期待。況且，過分的呵護和不停看手指甲、假裝空氣中什麼都沒有，某方面來說也是一種歧視。最誠心的大愛是接納，最真實的接納是一視同仁。一步一腳印，讓我們也朝這光明的方向慢慢前行。

繁榮的盡頭

每次有朋友從台灣來美國玩，發現機場沒有免費的無線網路後都會抱怨：「奇怪了，美國怎麼那麼落後！美國不是世界強國嗎？」孩子啊，觀念顯然完全錯誤嘛！落地美國機場之後，請環顧四周，看看那苟延殘喘的燈光、心情不好的地勤、狀似鄉下車站的機場大廳，不僅沒有任何現代化設施或貼心服務，也沒有任何時髦的建築設計。你腦裡想的鬱鬱蔥蔥蝴蝶花園，不知從哪飛下來的外星瀑布，以及穿梭其中、長得和時光機沒兩樣的機場快捷，統統都在新加坡，在先進的地球另一端，原始的美國絕對沒有。美國機場裡最先進的設備除了人間凶器機場安檢以外，大概就是腳踏式飲水機了。美國不是一個精緻漂亮的國家，由未經修飾的國家門面就可以知道。

進步文明是什麼？如果以都市的硬體設施來看，美國拿得出手的可能只有紐約、芝加哥的「夜景」，一望無盡的燈火輝煌，展現著泱泱大國的繁華。白天一旦太陽升起，鏡頭拉近，璀璨盡退，整個美國洋溢坑坑巴巴的九〇年代氣息，落後、未經雕琢、小地方充斥如同外婆家的懷舊感，不但和今日中國大陸一線城市建築和商場傳遞出來的華麗感完全不能相比，連影響人們生活最鉅的公共建設都差了一大截。

美國幅員遼闊，從左邊的舊金山搭飛機到右邊的紐約要花五個多小時，這麼遠的距離，連個高鐵也沒有，真不知何以稱得上是世界科技的領頭羊。看看人家中國大陸，高鐵咻地一聲都開上烏魯木齊了，滿滿的現代科技感，加上各種人定勝天的大壩、小壩，倚著山、攔著水，無一不宣告世界，這塊土地的主人無所不能。反觀美國，傷害魚也不行、傷害熊也不行，山也不行、樹也不行，關於建設，到底該怎麼辦才好？故截至目前為止還停留在造橋鋪路的階段，滿滿的清朝感。

美國沒有高鐵這件事情還有另一主因，那就是美國是個有嚴密法律保護私人產權的地方，也就是說，美國可不比苗栗大埔，沒有「低價徵收土地」這回事，即便你是當權政府，若想藉由某些天知道合不合理的法源，試圖用低價占一般民眾的便宜，就是違法！強取豪奪在美國行不通，毫無法源基礎，若想在特定土地上做任何你喜歡的事，唯一辦法就是公平合法地把那塊地買下來，然後就可以在上面蓋花園、蓋廁所、蓋高鐵。沒錢買嗎？抱歉，那只好再見。

可以想見，一條從舊金山到洛杉磯的高速鐵路要經過多少土地，每一寸都必須以合理市場實價購入，故什麼都還沒開始蓋呢，光是這份「可以蓋的權利」就得先花上驚人天價。再者，高鐵周邊合情合理的「民主」與「法治」同樣相當昂貴，為了符合這一路上牽涉到的各地法規、各種訴訟，還必須滿足所有居民的偏好與要求、維護各地的環境保育，這些林林總總加起來的開支之龐大，遑論高鐵本身硬體設備的費用。由於困難重重，幾乎無法突破，導致美國現在還是這副民國初年的模樣。

其實別說高鐵，美國基本日常生活的各方面都不摩登、不現代化。來美國之前，我很難相信現在這個時代還有特定地區手機收不到訊號的問題，連手機收訊都沒有，怎麼住人？我也一直假定手機「上網吃到飽」是生而為人的權利，沒想到，在美國所有權利均有價，而且1G一個價。

落後文明持續蔓延，我家門前到處都有電線桿，歪七扭八的電線沿著馬路相連到天邊，和美麗的波特蘭市容放在一起顯得相當突兀，卻是長久的存在。和進步的台灣不同，美國電纜幾乎都沒有地下化，大剌剌、赤裸裸攤在陽光下，以一副「不然你想怎麼樣」的跋扈態勢橫在每日的生活中。既然電線存在於開闊空間，可以想見有一百種破壞它的方法，也就有一百種荒謬的停電理由。有年冬天真的動不動就停電，理由除了最基本的風太大吹壞電線；還有風吹倒了樹，樹壓倒了電線；下雪壓壞電線；甚至有個笨蛋在風和日麗的日子裡，開車撞了電線桿。一個笨蛋，影響了一整個郵遞區號的福祉；就那麼一個笨蛋，整個地區的人晚上都得用手電筒吃飯、洗澡、玩桌遊。在科技突飛猛進的現代、在手機都可以竊聽我們聊天的現代，這種事情竟然還會發生！美國啊美國，你太令人無語了！由小小的電線桿，以及它如何影響居民的生活，便可明白美國這地方的基礎建設程度。如果英國的電纜地下化程度是大學生，那美國大約還在蝴蝶班排隊吃點心吧。

既然如此，我們的腦海裡為何一直感覺美國是個進步國家呢？這刻板印象打哪來的？

我個人對美國的印象來自小時候看的大量好萊塢青少年電影，電影裡的一切似乎都比我當下的所在繽紛多了。校園不是灰色的，用色活潑又亮麗，體育館的地板是亮的，球鞋走在上面會發出一種些微尖銳的摩擦聲，雖然尖銳卻不刺耳，因為那是美國生活的聲音；主角們住的美式大房子總是坐落在乾淨方正的社區裡，前有前廊、後有後院，社區馬路的兩旁分別種了瘦瘦高高的樹，樹下則有一塊一塊方形的草皮，炎炎夏日裡在你不注意時，會有灑水器突然跳起來，朝蔚藍天空灑下薄薄一層透明水花；甚至就連美國這塊土地孕育出來的人，依照電影所述，竟然都那麼美麗，和地球另一頭鏡子裡的我，那麼不一樣。美國的繁榮表現在走過的路、居住的房子；美國的進步是「日復一日」的美好生活。

長大以後才明白，除了演員不見得是美國人，電影場景其實真的存在，校園的確寬敞明亮、鬱鬱森森，許多美國中產階級住的房子也確實是那樣子沒錯，只是那繁榮的生活狀態並非全美國人共同享有，嚴格說來也不宜用於代表「美國的樣貌」。美好生活環境的建造和擁有，在美國，是「資本」運行的結果。政府不會打造好送到你面前，也並非飛機降落到這片土地上就能享有，而是和生活在台灣、香港、首爾一樣，每天太陽升起後都要出門工作賺錢付帳單。並由此社會一隅，明白「美國夢」並非虛幻不實，只是對於真正生活在這片土地上的某些人而言，「美國夢」和夢境並無二致，眼睛睜開就看不到了。

進步與繁榮的盡頭是什麼？是當你見識過各種庸庸碌碌的繁華之後，反璞歸真，開始明白最珍貴迷人、最不可或缺的奢侈品為何。就像有人跋山涉水終於富了，開始買高級訂製服來穿，急於證明自己夠格擁有一切，此時一位美國設計師瑞克・歐文（Rick Owens）卻說：「健身就是現代的高級訂製服，沒有任何服裝會比擁有好的體態來得更好看，或讓自己感到更舒適。」原來，財富的盡頭是健康、美麗的身體。

對一個社會來說，也是同樣的道理。

現在的美國，早就不時興建造標新立異、形狀怪異的摩天大樓，也不追逐擁有豪華港口或「人定勝天」的大壩。美國人認為，「那些東西，我們要蓋都蓋得了」，只是再也沒有人會將硬體建築視為現代繁榮的準則。

這個世代的繁榮是順應天理。在現代人眼裡，乾淨的空氣最高級，燦爛的陽光最名貴，水龍頭打開即傾洩而出、純淨的水才是終極的奢侈品。有尊嚴地生活在潔淨的自然環境裡，是我們共同的追求，也是人們留給彼此最珍貴的禮物，更希望孩子們在名牌衣物、昂貴商場之外，永遠都能享有一片青草地。

純淨的自然環境是繁榮的盡頭，也是美國身為進步國家最大的象徵之一。比起舊金山的金門大橋、休士頓的太空總署，空氣、陽光和水為美國人帶來了更多信心，走出家門，深吸一口氣，就知道自己過得很好，便明白那些沒品味的高樓大廈，改天再蓋也不遲。

敢於求新求變的 maker

上一篇談美國的硬體建設缺乏，事實上美國人腦內內建的軟體在許多方面似乎也不怎麼樣，很多以前我在台灣時覺得天經地義的常識，在美國都被「升級」成為「知識」。

這種時刻就不得不讚許一下填鴨式教育的威力了。在台灣生長的人，從小花非常多時間學習課本上的知識，或許少了所謂「創意訓練」，但在普世基礎科學、數學和社會人文各方面，該「聽聞」的，咱們那厚厚一大疊課本絕對不會遺漏，我們也肯定背過。反觀美國的基礎教育，對孩子既寬鬆又包容，不寫參考書、不做評量，純照個人興趣發展，稱為「菁英教育」也不為過——唯有菁英，才有教育——一般路人腦袋裡面可說沒有墨水。就算進入校園，在一群哈佛法學院的學生裡，你照樣能夠找到算不出三角形面積的人，也一定有人不知道原來九十度是直角。難以置信？可惜卻是千真萬確。法學院嘛，人文能力高強即可，美國體制不要求通才，故大家能省則省的心情也是有的。

舉一反三，可以想見隨手一抓的普通老百姓對於人世間的知識與了解該有多稀薄。就像台灣人講求世界觀，幾乎將「世界觀」和一個人的知識水平畫上等號，好像不了解其他國家的文化就沒念書似的。持平而論，台灣既為島嶼，居住其上，很難不接觸其他文明，小地方的生活不易自給自足，無論是物質資源或文化交流，多多少少都會吸收外來養分，大家潛移默化之下自然見多識廣。真正不了解地球是圓的，明明是美國人！美國民眾，對世界、對地球，真的一無所知，若拿著世界地圖請他們指出「韓國在哪裡」，我敢說九成以上都答不出來。「美國人的世界地圖」就是南美是毒梟、加拿大是藩屬、歐洲人很時髦、亞洲人很窮、非洲人更窮，如此而已！另外，中國政府是敵人、北韓是敵人、整個中東都是敵人，美國隊長一定要出動，航空母艦開過去震懾震懾，讓他們知道誰是老大，美國就是老大！

老大的威權籠罩之下，即便一無所知，洋基美國佬依舊安安穩穩地活得好好的，什麼問題也沒有，說話說英語、飲料喝可樂、度假去夏威夷、電影看好萊塢。哪天真出了國門，一般來說，世界上其他國家的人，不知道為什麼，總對美國人非常好，輕聲細語、特殊待遇，而且到處都吃得到漢堡、買得到星巴克。正因如此，更進一步降低了美國人學習的動機，只要繼續做自己，舒適圈無限大。土包子老美一看到亞洲人就喊：「摳尼基襪！」讓人非常想揍他一拳，沒禮貌也沒腦袋，偏偏這種經典款紅脖子美國人到處存在。

比起知識學科方面的不足，更糟糕的是美國人腦袋中環保觀念之落後，對簡單的環境科學一無所知。

美國有一大半的人——包含時任美國總統川普——都主張「地球暖化」是假議題，理由是「冬天明明就很冷，根本沒有科學能佐證氣候變遷和環保有關，一切都是地球的自然變異而已，石化業無罪」！全世界對於環境保育的共識，竟然在美國總統肩膀上一抖便消失了，真令人不可思議，無奈這就是千真萬確的現況。

環保觀念在美國人的日常生活中同樣可有可無。以家庭垃圾為例，在台灣，資源回收的觀念落實得非常徹底，傳統單一住宅將垃圾分為一般垃圾和可回收垃圾之外，新式大樓時常進一步將可回收垃圾分成各種細項，對未落實資源回收者處以罰金。美國就沒那麼仔細了。一般家庭的大垃圾桶雖也有兩個，一個一般垃圾，一個資源回收；一般垃圾一星期收一次，資源回收兩星期收一次，但是資源回收的項目毫無細分，全部丟進同一個桶子即可，如果把應該回收的垃圾隨意丟入一般垃圾桶裡也不會受到任何懲罰，沒有法律規定要做好資源回收，完全看個人意願和心情，愛怎麼丟就怎麼丟，置北極熊的生死於度外，以個人方便為己任。而在資源的愛惜與再利用方面，美國人更是零珍惜！有時候在亞馬遜網站上買幾條小小的抹布，寄來的紙箱尺寸堪比登機箱，難怪極圈內的冰河掉眼淚。美洲大陸上的野蠻人，不修邊幅、不思進取，令人難過。

但是，若要說美國人毫無身為世界公民的自覺，漠視地球的福祉，似乎又有些不妥。天平另一端的美國菁英階層、世界領袖，在引領世界級的公益項目和推動人類共同的福祉上，竭盡了全力，並讓全世界見識到何謂正統美式風格，亦即「企業領軍，資本殿後，科學管理，績效導向」，其中最鮮明的例子就是由比爾．蓋茲夫婦領導的蓋茲基金會。

蓋茲基金會偕同地球上的富豪一同改善這個世界，打擊不平等，在地球最貧窮的角落推行疫苗施打、疾病防治；為非洲帶來醫藥和乾淨的水；研發免沖水的馬桶，有效改善衛生，減少疾病；也為婦人和小女孩帶來教育和安全。美國的菁英階級確確實實站在地球的第一線，率先捐出自己絕大部分的財富，同時運用自己經營企業的能力，著手貢獻世界。他們拋磚引玉，告訴歐洲和亞洲的富豪，應該對地球伸出援手、應該改變生命。無論是喚起關注，或是實質改變世界，這些美國人的成果豐碩。

此外，美國領先全世界的並非摩天大樓，而是藏在老派都市建築裡的敏捷創造力。

美國是一個給全世界「下定義」的國家，世上多少無厘頭的事，都是美國說了算。是美國告訴全世界的人，超級英雄非常酷，即便他們每一位都莫名其妙穿著緊身褲，還是非常酷。當美國人這麼說，大家竟然默默就被洗腦了，逐漸忘記當年追過的廖添丁穿的分明是縮腳褲，開始體會緊身造型帶來的詭異魅力，久而久之甚至覺得只有這樣穿才是正牌超人、才能打擊犯罪、才能拯救世界。說穿了，這些根本都只是單純的空穴來風，但空穴裡頭能起風，無中能生有，咖啡能裝進藍色瓶子裡，這就是美國本事。

是的，給世界帶來嶄新視角，正是美國真正的本事，而且在「引領思潮」外，美國本事更多時候是挽起袖子，將所有的異想天開變成產品，再用產品去撼動世界，順便把所有的不酷都變成很酷。

只有在美國，大學裡看妹用的網頁會茁壯為改變全球資訊交流的臉書；因為美國人，當你聽到香蕉手機覺得蠢斃，聽到蘋果電腦卻覺得很酷；美國人讓 Google 取代老婆，替你放熱水，放完熱水再播個串流電影，螢幕上的皮克斯開始播放時，還會幫你調暗燈光。美國人創造產品，美國產品改善生活，讓全人類的福祉往前邁進。要是沒了這些企業和產品，那些抄抄國的抄抄鬼要抄什麼，馬上回家賣麵了啊。

你說美國進步在哪裡？美國進步在他們是 maker，他們有勇氣和毅力從零到一推動改變、創造未來，當改變來臨，不執著於對新事物的恐懼，試著去接受。這就是偉大之所在，而敢於求新求變，終將成就偉大。

雪梨有歌劇院，巴黎有鐵塔，美國有什麼？自由女神像嗎？就連自由女神像都是人家送的呢。這狀似沒出息、外表樸實無華的國家，深深擁有的是底蘊深厚的文化和一顆超大的心，心胸開闊，所以能納百川，迎來世界上所有桀驁不羈的靈魂和聰慧無比的腦袋，而後，再端出一顆蘋果，讓你覺得很酷。

PART 5
美式教養現場直擊

孩子們的自由國度

先前舉家搬遷回韓國的朋友來波特蘭拜訪我們，一行人各自帶著孩子，相約出門享受一頓美好的周日早餐，孩子吃鬆餅，大人點了各種充滿蛋、培根和馬鈴薯的料理，酒足飯飽後，再轉往附近廣場旁的咖啡店喝咖啡。因為帶著幼兒園和國小年紀的孩子，想當然耳室外是比較輕鬆的選擇。沐浴在八月的暖陽之中喝咖啡、聊近況，看著孩子們在廣場上來回奔跑嬉戲，我頓生濃濃的幸福感，心裡直想，人生至樂，不過如此。

此時，朋友的兒子跑了過來，問媽媽可不可以脫掉鞋子，赤腳在廣場上跑步？廣場上乾淨空曠得很，我看不出來有何不可，朋友當然也說好。只見孩子歡呼一聲、鞋子一丟便飛奔遠去，我和朋友立即相視而笑。一個傻呼呼的國小男生，一段沒什麼大不了的廣場跑步，小小的心願生成巨大的快樂，巨大又純粹。

一點小事情高興成這德性，平時忍得多苦啊。朋友說，在首爾，倘若在廣場讓孩子脫了鞋，馬上有人過來指正你是怎麼當媽的，公眾場合光著腳，孩子有沒有教養？回歸韓國生活的他們一家，不得已過得很拘謹，謹守「家教好」的界線，一點都不敢逾越。韓國公園的遊樂場裡也沒有超過六歲的孩子，六歲以上的小孩全在補習，補到晚上十點，讓身為母親的她坐在稚齡孩子的書桌前不禁落淚。特別利用暑假帶孩子重回美西，短暫享受夏日陽光，一嘗自由自在的空氣。

確實呀，沒有比美國孩子更自由快樂的了。廣場上、公園裡，赤著腳的、躺在泛著露水的青草地上的、滾在泥巴裡的，比比皆是，輕鬆又自在，更不會遭受指責。美國人甚至擔心小孩玩得不夠、不過癮，直接在公園裡加裝灑水器，製造階梯式流水道！當孩子想出什麼新玩法、特殊招式，一旁的美國爸媽會讚美孩子「很酷」，並接著說：「但你知道嗎？我還有一招更酷，讓我表演給你看！」加入孩子的遊戲行列，一起同樂，無比幸福。在美國，童年時期無憂無慮地玩耍，是為建築快樂人生的基礎。

美國國歌裡提及這片土地是「Land of the free」，自由的國土，這句話套用到小孩子的生活上，甚是貼切。

猶記得上次回台灣，我發覺外出用餐時，父母讓孩子用手機和 iPad 看卡通的比例很高。身為一個母親，我當然馬上明白是怎麼一回事，這和父母的教育是否得當一點關係也沒有，傳達出的需求只有一個——父母無論如何必須用卡通「鎮住」孩子。在台灣餐廳裡當父母確實有點辛苦，孩子稍微風吹草動便是擾民，媽媽必須馬上「不好意思」。

在美國不需要這樣。美國社會的「權力排序」一般來說和台灣相反，也就是小孩最大、小孩最優先，大家要「包容」孩子，無論他們做了什麼荒唐事，大叫大鬧，也僅僅因為「他們就只是孩子而已」，本來就還在學習生活禮儀和應對進退，禮貌不周全可以想見，難道大人要和小孩子計較嗎？未免太沒有風度了。

在美國，大家絕對不會公開罵小孩，更別說罵別人家的，那是萬萬不可的事情。假如在外真的遇上了一名四歲狂徒，基本上你只能摸摸鼻子認栽，「因為他不過是個孩子」，好好忍耐，一下子就過去了，沒什麼說得上話的分。最有趣的是，住美國這些年，餐廳內行為過分的孩子，我倒真的一個也沒見過，最吵的就是我自己生的，害我急忙把她拎去餐廳外面流放。

為避免小孩子在餐廳裡殺人放火、爸媽氣急攻心，一般來說，餐廳會隨著兒童菜單（kids menu）一起奉上一張著色紙和一小桶蠟筆，讓他們有事可忙。畢竟維持忙碌就是避免小孩找碴的最佳辦法。美國爸媽也有自行幫小朋友準備娛樂設備的習慣，像是貼紙簿、小玩具、簡單桌遊等，年紀大一點的會帶書和漫畫在上菜前看，避免無聊。與此同時，兒童菜單提供的都是些小朋友喜歡的菜色，像是起士義大利麵、起士漢堡、炸雞塊等，滿足幼稚的味蕾。既然出門在外，美國媽媽選擇放自己一馬，孩子們喜歡吃、有吃就行，營養回家再慢慢補充即可，全家吃得愉快，就是當下最重要的事。

不久之前，我和另一位朋友相約吃早餐，女兒黏人堅持一起去，她帶了最愛的搞笑漫畫，我和朋友說話時，她便在一旁看漫畫，進入自己的世界。活在搞笑漫畫中的五歲女童其實相當吵，因為她止不住不停哈哈大笑，再不就大聲複述書中爆笑內容，我只好不時提醒她小聲點。

此時，一位老先生從遠處走過來打斷了我們的談話。他讚美女兒如此沉浸在自己的世界裡、大聲編故事是一件很美好的事，以後一定可以從事創意工作、享受無中生有之美，或許能當導演也不一定。非但不責怪小屁孩製造的聲響，還很喜歡聽，聽完忍不住讚美孩子真棒，這就是美國人對孩子的態度，包容無限、讚美無限。身在美國的童年，那是真正的無拘無束，最最棒。

美國人充斥了討好孩子的心，從亞洲搬過來的我，強烈感受到美國人基本上就是個喜歡小孩的民族，鋼鐵人遇見小女孩也瞬間化為繞指柔。他們樂於照顧孩子，也照顧孩子的情感。

像我女兒是個廢話很多的小孩，出了門就愛聊天，最近更沉迷五歲兒童的笑話，走到哪都要講一則，非常難笑，令人髮指，媽媽我都尷尬死了。但是，每每她對結帳的店員或餐廳服務生噴射一則可怕笑話，對方無論如何都會聽完，並且勉強笑一下，有時還會入戲甚深地回敬一則類似主題的笑話，看誰比較好笑。種種反應，讓孩子接收到很多友善的訊息，即便幼稚，仍受歡迎，孩子的生活體驗是愉悅的，因而出門總顯大方開朗些。

美國人討好孩子的企圖大量存在生活之中，一般公園、圖書館等孩子經常出入的場所禮遇孩子不說，購物商場和超市同樣用盡心思。許多超市提供迷你版小推車，和爸爸媽媽的手推車長得一模一樣，只不過改成超小的迷你版本，讓孩子享受買菜的樂趣。也有我最恨、我家小孩最愛的汽車造型推車，上面甚至有能夠轉動的方向盤，孩子玩得開心，推起來重得要命，完全就是把孩子的快樂建築在家長的痛苦之上。

有的賣場則提供尋寶遊戲，在商場某處藏了一隻吉祥物玩偶，找到的孩子就能獲得鈴鐺敲得噹噹響的榮光、棒棒糖和造型貼紙。尤有甚者，賣場除了定期更新貼紙款式，還推出了獨家香香貼紙。我家女兒有次拿到披薩口味，聞起來和真的披薩一模一樣，真實度驚人，老美討好孩子的認真度也好驚人。

延續鐵達尼號上對老弱婦孺的紳士風度，整體來說，美國社會對孩子是禮讓的、包容的，甚至可以說是寵溺的。在美國，疼愛孩子是社會共識，可能有大聲的孩子、動作大的孩子、頑皮的孩子，但沒有「壞孩子」。許多人認為歐洲社會對孩子是自由放任型，亞洲社會是過度保護型，如果美國也一定要分成某一類的話，在我看來是「極度寵愛型」。

美國人對小孩活動環境的安全尺度沒有歐洲人來得大，也不放心讓小孩自己在街上到處跑，但在安全範圍內，美國人很尊重小孩是一個獨立的個體，願意維護小孩快樂的自由。這是一個「kids-friendly」的地方，中文翻作「母嬰親善」，但英文原意表示的是我們對孩子要傳遞出像對朋友般的善意。不見得要深愛孩子，但肯定要友善、要親和，不會一見到孩子就戴上警察面具，眼睛忙著找缺點，雙手忙著套上規範。明明孩子就是社會最純潔無瑕的角落，盯著孩子做什麼啦？

美國近來也提倡「let kids be kids」，讓孩子們過孩子的生活，充分的活動、乾淨的食物、足夠的睡眠、少一些無謂的考試，把大人的世界留給我們自己，將孩子們的童年歸還給他們。孩子不僅僅要長大而已，還需要「好好地」茁壯。

有時候真的想不明白啊，這樣的美國人，到底是幼稚還是成熟？和我女兒較量誰的笑話比較好笑時，老美顯得很幼稚；大度接納孩子們的誇張笑聲、亂七八糟的吃飯技巧時，老美又顯得極端成熟。

但無論如何，最令身為母親的我感動的是，美國給予我們走到哪裡都充分受歡迎的安心感，明白雖然身為老弱婦孺，有時礙事、有時礙眼，但在美國，我們不用因此提早五個站跳下車，就因為「給人添麻煩了」，下車之際還要默念「不好意思」。這是美國對孩子伸出的友善之手，隨時體貼、隨處擁抱。

「美國是孩子的天堂」此話確實為真，當仁不讓。

今年夏天很缺錢

晚上七點整門鈴響起時，我正在替寶寶換睡衣，心裡琢磨著這個時候上門的會是誰呢？

下樓應門，發現是一群鄰居小朋友，約莫都是小學年紀，領頭的是女兒的朋友妮夏。

「您好，請問敲西在家嗎？我們帶了許多她可能會喜歡的美術用具看她要不要買？」妮夏擺出營業用的笑容說。

原來又是這件事！這群可愛的小朋友暑假整天在家閒閒沒事，想出各種打發時間的花招，最新一招是挖出家裡抽屜各種不用的東西，沿街叫賣。很明顯，女兒成了他們鎖定的目標客群。

「敲西在洗澡耶，你們可能得改天再來了。」我說。

「好的。既然她現在沒空，那麼請先收下這個小貼紙，是免費奉送的，我們改天再來。祝您晚安！」眾小孩閃著營業用笑容緩緩撤退。

這些美國小孩還真有兩下子，今天雖沒有達到預定營業額，仍然奉上試用品留住潛在客戶的心，留得今日青山在，靜待明日有柴燒，再加上甜美的未成年笑容，讓我這個二胎之母差點沒捧著現金追上去。

整個夏天我天天坐在二樓的書桌前寫稿，甚少出門，卻也因此成了社區諸葛亮，未出茅廬即知社區天下事。每天像變態怪叔叔一樣，從二樓窗戶俯視社區裡這些不用上學、也不用補功文數學的悠哉小孩，看他們到底都在忙些什麼。

想當然耳，玩耍和吵架是暑假的主軸，一群小孩每天從左邊這一家，或騎腳踏車、或溜滑板車，跑到右邊那一家，玩上幾個小時，等到這家媽媽開口教訓人了，再腳底抹油溜到下一家去。整個夏天，群孩們就在我眼下吃冰棒、到處「滋事」，開心至極。

為了迎接冰淇淋叭叻車的到來，孩子們必須做好準備，口袋裡必須攢好零用錢，但即便暑假 happy 基金支出龐大，美國媽媽們往往也不會多給，想花錢請自己賺。不然的話，家裡冰箱有的是食物，再怎麼無聊、再怎麼悶，媽媽也沒讓你們餓著。在上夏令營、上才藝課之外，想買樂高？想吃巧克力？請自己加油。這使得汲汲營營賺錢變成稚齡大富翁，也成了夏天裡孩子們的重點忙碌事項。

於是乎，社區裡出現了各種叫賣，除了沿街販售小玩具、小貼紙，也一戶一戶勤奮敲門。總之，吸取其他阿呆小朋友的零用錢，就是他們認真經營的生財之道。

而美國小朋友最經典的賺錢方式，便是在家門外賣檸檬水了。

首先，像郭台銘先生一樣，先向媽媽貸款籌取創業基金。檸檬水小攤需要的成本有檸檬、水、糖和塑膠杯子，由金主幫忙，前往超市購買檸檬，回家之後，小朋友在廚房自己搾取檸檬汁，加入適當的水和糖就完成了。搬張家裡的小桌子，想想設攤的地點在哪裡比較好？哪裡的人潮多？人們在什麼地方會想停下來喝飲料？同時也適合孩子們停留。在我們社區，游泳池旁邊的孩童遊戲場或社區大門轉角旁的交通要塞，都是鄰居孩子們時常選擇的好地點。

出了社區，公園裡、運動場邊、登山步道出入口、社區活動中心等處，時常能見到檸檬水小攤子的身影。可愛的小攤子後面往往站著一家子可愛的兄弟姊妹，許多時候他們都是充分有備而來，姊姊理所當然是攤子老闆娘外，還有個小弟弟充當店小二，扛著五顏六色的厚紙板招牌，上用蠟筆寫著「檸檬水一元！」讓路過的大人粉紅色愛心噴發，紛紛掏錢購買。偶爾走運，買檸檬水還會贈送小朋友親手做的巧克力碎片餅乾呢！

不過加上餅乾後，阿姨我常擔心他們賺不賺得到錢，默默在小費箱裡又多塞一點，希望這點小小的錢能為未來的世界多帶來幾位勇敢有為的創業家。

我家女兒這個夏天在玩具型錄上發現一套二十九．九九美元的樂高超市組合，心蕩神馳，久久不能平復，就這樣馬上決定了自己也很缺錢、也想籌錢。我告訴她媽媽很忙，妳自己想辦法。她便決定以做各種家事換取一元收入，我同意了，但她稍後又覺得這樣賺錢很慢，告訴我她頓悟了一個快速賺錢的技巧，我請她說來聽聽。

「妳知道大家的檸檬水都賣一杯一元嗎？我可以和大家不一樣，我可以，賣五元。」她以其極神祕的語氣吐出這個沒人知道的致富祕訣，接著滿足地微笑。「今天晚上我作夢也會笑囉。」

幻滅是成長的開始，生意不好是為創業必經的過程，讓我們一起祝福她今年夏天經商之路無比順遂。

總之，暑假是美國小孩打工賺錢的季節，不同年紀有不同工作可做。

女孩子大概從十五歲左右可以開始當保母，時薪大約是十到十五美元。保母的就業市場高度競爭，因為小從國中小女生開始，直至對面閒來無事、年事已高的七十歲老奶奶都可能可以勝任，感覺條件寬鬆起來誰都能做，於是眾青少女們紛紛祭出自身的競爭力。

有些人走技術取向，跑去接受急救訓練、拿了紅十字會認證，表示小朋友若發生意外，上了刀山、下了油鍋，他都能處理；也有人拿出女童軍的身分表明自己不只懂得急救，急救之外還能野外求生、鑽木取火，即使突然停電、沒瓦斯，她都能在後院當場野炊，你家小孩永遠不擔心餓肚子。急救領域之外，有人是全A撐場面，以閃亮亮成績單做為責任心的象徵，看顧小孩之餘還能教授西班牙文、數學、閱讀，保平安又增進成績，顧身體也護靈魂，處處划算。

除了提供具體功能，這個社會就是這樣，有人是技術導向，就有人是行銷導向。沒有特殊技術也沒有成績單，但是有張漂亮的臉蛋、和煦的笑容和雪白的牙齒，應徵履歷上放一張抱著黃金獵犬的照片，意圖使人融化，頓時明白什麼叫做人正真好，看了那些散發親和力的照片，確實讓人想給她一次機會試看看。

女孩子當保母，男孩子可以做各式各樣的勞力工作。

夏天是美國人修繕房屋、整理後院的季節，高中男生可以幫忙油漆房屋、釘籬笆、鋪草皮、種樹和除草，雖然辛苦些，但薪水也高一點，依照工作難度，時薪從十三到二十元不等。認真工作一個夏天，收入頗豐，能存下不少開學基金。

同樣地，想從事這類勞力工作的高中生、大學男生實在很多，有些聰明的男孩子為了更好的行銷自己，在屋主同意的情況之下，會拍下後院的 before 和 after 照片，把鮮明對比放上網路，證明自己工作認真、手藝精巧；也有人在努力工作結束之後會詢問當天的雇主是否願意在網路上撰文，在他找工作的廣告文下方美言幾句，證明他積極認真的態度不假，希望大家給他更多的工作機會。

能做的工作還有很多，例如美國小朋友夏天固定參加夏令營，年紀稍大的大孩子可以去應徵在夏令營裡陪小小孩做勞作、發點心的小幫手，或是去運動營隊當教練，有相關證照還可以教游泳、教踢足球、教體適能。我們家附近今年夏天就從大學裡回來了一位網球女神，靠著網球單打州冠軍的頭銜一舉進入麻省理工學院就讀，頂著這完美頭銜，在網球家教市場自然如魚得水，鄰近所有想學網球的孩子基本被她一網打盡，想當她的學生還一位難求。

當然，年紀愈大，能選擇的領域就愈廣泛，也愈接近真正的成人就業市場。高中、大學之後，其實就有機會到真正的公司裡當實習生，做一些諸如影印、跑腿、整理檔案之類的非技術性工作。即便僅是這樣，薪水又很少，卻是一窺成人職場的絕佳機會，也能了解自己的能力和喜好，探索可能有興趣的專業領域，增加成功的機會。公司方面則在獲得工讀生的幫忙外，得以盡早攏絡可造之材，雙方皆受益。

這些大大小小的美國孩子們，年紀輕輕即踏入就業市場，可以早早就領略的除了檸檬水很難賣五塊錢、錢很難賺之外，還有工作賺錢到底是怎麼一回事。那和遠古時代的以物易物原則上是同一個道理，你有一項能力為社會上其他人提供服務，並且在廣告得宜的情況下，讓他人前來購買你的服務，這就是職場的樣貌。美國孩子從當保母開始便明白，即使只是當保母的機會，都需要靠自己的雙手去爭取。

生而為人就需要競爭力，我認為及早有這項認知，本身就是競爭力。我自己從小花很多時間在念書和寫功課，導致成年來美之後，找暑期實習工作時的履歷表一片荒蕪，上面除了成績單之外可說不值得一提。現在為人母親了，如果有機會，我很希望我的孩子們早早開始做些小工作，在父母的羽翼之外，和其他美國孩子一樣，趁早體會職場與學習工作，如果能藉此發掘其興趣和能力之所在，那真是再好不過了。

美式獨立教養攻略

還記得我們家在芝加哥的第一個夏天，女兒終於一歲多了，正式進入人間，我們等不及地帶她去鎮上的人工海灘玩耍。

雖說是人工海灘，但設計得非常好，池子深的那一頭可以跳水和划船，淺的這一頭有深深長長的沙灘，提供空間給胖胖們做日光浴，小朋友挖沙挖到天荒地老。沙灘盡頭是室外ＢＢＱ烤爐，玩水同時還可烤豬肋排，隨時補給熱量，以防不小心瘦了。

我理所當然地滯留在淺水區，當寶寶奴隸陪女兒挖水道，苦命地護這護那，不得放鬆。此時和我形成強烈對比的是一位五十公尺外，手拿調酒、自備躺椅的老手媽媽，眼見她輕盈地向孩子們揮手，轉身便直接躺平，呈現我長期追求的「彷彿沒生過」境界。她有兩個孩子，一名學步寶寶和一名大概六、七年級的女兒，那位姊姊上演沙灘阿信，跟前跟後地護衛弟弟，對寶寶的照護做得比我還好。

天啊，我所目睹的不就是傳說中的「以夷制夷」嗎？以大夷壓制小夷，母親便得垂拱而治。怎麼那麼棒！

身為台灣媽媽，我想我自己心裡有鬼，我也想奴役小孩，卻又放不下心，很難相信有位獨立又成熟的女孩能將寶寶照顧得那麼好，著實大開眼界。

但，究竟為什麼我們對孩子的信心如此薄弱呢？還是說，美國孩子真的比較獨立？大家都知道，媽媽的懶惰就是孩子成長的最佳動能，而就美國社會來說，懶惰的絕對不只媽媽，懶惰鬼簡直包圍小孩的日常生活，學校老師更是懶惰到令人咋舌的地步，需要老師的時候，老師根本連個鬼影都找不到。

我家女兒念幼兒園時，在學校午睡必須自己動手將小床墊從櫃子裡拖出來，放在地上，自己攤開小毯子，然後躺下來睡覺。每個人都從家裡帶了床單，通常由大人幫忙套在床墊上，即可使用好多天。

某天我去學校，發覺女兒的床單整齊地放在置物櫃內，女兒就睡在髒兮兮的墊子上。秉持自己付的高額私校學費，我忍不住詢問老師。老師表示：「喔，她還無法自己套床單，但是全班那麼多小朋友，我根本無法一一幫忙，請她自己在家練習好套床的技巧喔。」大人兩分鐘即可完成的工作，老師寧願狡辯也不肯幫忙，就是這種堅毅不屈的偷懶精神，成就了小孩獨立自主的宏圖霸業，待幼兒園畢業時，人人都精通豆腐干疊被法，提早晉升美軍。

朋友有一次收到老師傳回家的紙條，上面寫著：「請幫孩子準備他可以自己打開的便當盒。因為你們家孩子不會自己開便當蓋，總是卡住，本星期老師已經幫忙他很多次了，請改善。」花三秒鐘開個保鮮盒蓋子，老師連這都懶得做，茲事體大至特意來函埋怨，足以反映美國人對孩子「煩請自生自滅」的態度，以致孩子們個個獨立，事事成熟。由此可見，大人「懶得管」，是養出獨立小孩的第一條件。

第二條件是「生得多」。

猶記得在我外婆生了六個小孩的年代裡，姊姊揹著妹妹做家事是日常風景，吃飯時間一到，大家稀哩呼嚕上桌扒飯，誰吃了什麼根本不清楚，小孩實在太多，無法精細地照顧，大家也就亂七八糟長大了。而在這亂七八糟的過程中，孩子什麼都學得會，八歲就站在板凳上炒麵給全家吃，十三歲就學做生意。由此得證，父母只要適當失能，孩子的生命會自己找到出路。

現今美國家庭也差不多是這個道理。美國家庭一般生得多，三個小孩是最常見的，四個也不算太多。四個小孩同時上餐桌，可以想見現場彷彿龍捲風過境，媽媽比較像是災難片中救難隊開直升機去空投食物，食物落地咻一聲就搶光了，為人母親仁至義盡，搶食技巧煩請自行努力。災區住久了，能力是精進的，強韌是必然的，生存力就是每日征戰的成果。

再者，美國文化對孩子們的成長比較「看得開」，走一條「活著就好」的路。

我先生雖然年紀輕輕就來美國生活，育兒理念卻停留在二十世紀九〇年代，操持亞洲式保護主義。我女兒眉毛一動，根本還沒怎麼樣，他已經在前方闢公式揮刀披荊斬棘，導致我女兒時常以縣太爺坐轎子之姿生活在這世上，非常不好。我多次提醒他要改善，他也同意，但是至今仍然控制不住自己、左手抓不住右手。沒辦法，咱們台灣魂熊熊燃燒，台灣孩子都是寶貝。

美國式教養方式確實不同，他們對於孩子受點傷、嘗點挫折的接受度很高，遇事父母往往聳個肩，就這樣大事化小、小事化無了。亞馬遜公司創辦人貝佐斯夫婦讓孩子四歲就開始自行使用刀子和工程器具，他們認為即便受傷也是學習的代價，沒什麼大不了。他曾指出：「我寧願孩子只有九根手指頭，也要他習得自理能力，遇事懂得自求辦法解決。」*設想如果秉持這種首富家的開放尺度，為人母該有多暢快，生活可以多麼無極限又多采多姿，我真是既期待又怕受傷害啊。

還有一個我覺得讓美國孩子獨立又成熟的原因是，在家庭裡，他們從小就被賦予「投票權」、話語權，也被融入責任圈之中。

舉例來說，一個亞洲家庭面臨經濟狀況時，很可能父親的工作遇上瓶頸，我們一般的態度是父母兩人私下處理，傾向不到最後關頭不讓孩子知道，避免孩子承受壓力的同時，也維護父親的自尊心。處理事情的過程中，孩子基本上被囊括在保護心之內，排除在責任圈之外，這是我們亞洲人疼愛孩子的方式。

但同樣的情況發生在美國家庭，很大一部分美國人會和孩子分享自己遇到了工作上的困難，並解釋這個困難會對家庭經濟造成影響，請孩子共體時艱，孩子便明白人非聖賢、爸爸不是比爾．蓋茲，人生就是這個死樣子，待父親去面試新工作時，全家人還會一起替他加油打氣。開條門縫，讓孩子得以一窺生活的真實面貌，這是美國人疼愛孩子的方式。

兩相比較，亞洲父母是天，孩子被懷抱在蒼穹之下，萬事太平；美國父母近似於

＊貝佐斯的原話是：「I'd much rather have a kid with nine fingers than a resourceless kid.」這裡用了「resourceless」這個字，十分耐人尋味。

人，有優點、有缺點，有所能、有所不能。生活在美國父母的屋簷之下，從小就必須與父母的「不能」共處，得時常「自己看著辦」，也就比較有機會接觸生活的各種面向，養出習以為常的獨立。

說起美國人的獨立，不僅僅是自己付房子的頭期款、自己付車貸這類，而是從心態上就是一個獨立的個體，長大之後的各種過生活、做決定，全都是自己經歷、自己負責，不需要大張旗鼓擔心親戚朋友怎麼想。

以交男女朋友為例，亞洲人如我們，從交往、談感情開始，可能就需要父母親的同意，回老家時還得面對親戚長輩的評價，學歷怎樣？家庭背景如何？都會在有點公開的場合裡被打分數，當天得到的總分，會在你回歸平日正常生活後，得知評價的結果。那些壓根不相關的人打的分數，會反饋到兩人的日子裡，引發波瀾。像這樣的情況，在美國文化中的波瀾就小很多，因為美國人的自我很大，各種叔叔阿姨甚至父母的「他人」則很小，他人的想法對自己的生活起不了什麼影響。

自我很大也表示，自己要對自己的人生負責。找不到男朋友或女朋友時，不可能期望爸媽拿著你的照片去和醫師或空姐相親；找不到工作時，別指望媽媽一整個下午到處幫你打電話；爸爸更不可能主動幫你付房貸、媽媽也不會幫你煮飯和帶小孩。這些事，所有這些「成年人的基本負擔」，在美國文化裡都要自己扛起來。同樣道理，年華老去也是自己的事情，美國人會自行準備好退休後的生活，自己照顧自己。

許多台灣母親非常推崇美式獨立，熱切希望小孩能夠成為自己人生的舵手，主動又積極，媽媽則可以退居幕後、休養生息。的確，我們永遠能提醒自己少做一些，學習老美養孩子時的鋼鐵之心，無視外界批評聲浪，放手讓孩子學習自理。學會自理，在人生路上確實有很大的助益。

然而，美式獨立的養成，背後也囊括了濃厚的文化意義。美國人之所以那麼獨立，是因為他們沒人可以依靠。台灣人是一家子親戚長輩一起愛孩子、合力把孩子養大，在過程當中給予很多幫忙，當然也提供意見；反觀美國人，真的是夫妻倆自行照顧自己的小家庭，毫無後援、沒有幫手，主權獨立的情況之下，天經地義自己作主。

追根究柢，美式獨立的養成源自美國文化和人生哲學，「獨立」的另一面是勇敢的承擔，而承擔是辛苦的。生活在台灣文化中的我們，不見得捨得我們愛的人受苦，同時家庭關係緊密，無法和孩子距離那麼遙遠。

所以我覺得，純粹的美式獨立不適合我們，我們可以選擇意識到老美養成獨立的方式，在台灣人情味之中，隨時提醒自己稍微放開手。放手的結果，生命會更強壯，心靈距離會更接近，深愛的人也不會飛走。如果感覺擔心或有點寂寞，一通愛的電話、一鍋香噴噴的台式滷肉，就可以吸引老孩子拔山倒海回家。我們身為台灣人，再怎麼獨立、心靈再怎麼流浪遠方，家的味道都足以穿透比北極更遙遠的地方。

美國沒有乖孩子

在我們的文化裡，如果小孩和媽媽上街的時候，從來不曾吵著要買東西，即便看到喜歡的東西，僅微微向媽媽示意，而非激烈地想方設法爭取購買，那麼我們就會說，這個小朋友很乖，是個乖孩子。這種我們文化裡非常普世的價值觀，讓每個人都毫無異議地舉雙手認同這是個「乖小孩」的結論。事實上，只要是人都會有想要的東西，藉由稱讚小朋友「很乖」，我們獎勵的人格特質是「自律」與「服從權威」，克制自己的物質欲望，不做非分之想，同時也服從母親對資源分配的主導權，不造成大人的麻煩。

基本上在亞洲，「自律」是被稱讚的必要條件，是我們追捧的人格特質。反之，同樣的情況，假設孩子拚了命爭取他想要的東西，不停針對「現在就要買」展開滔滔雄辯，最後甚至放棄壓抑情緒，當場躺在地上張牙舞爪演出「這不是肯德基」，那麼這個孩子很可能被評價為「胡鬧」或「沒有教養」，因為他不看場合、不挑時機，要的太多、太放肆，再加上不應該這麼露骨地展現負面情緒，情緒的表現是對長輩的不禮貌，引人注意更是丟臉，不被允許。

總之，無論伸張目的為何，即使只是生活中的小小情事，放任自我追求，在我們的傳統價值觀裡就會被詮釋為任性而為，往往帶有負面意涵。長此以往，也造就了我們嚴謹而不討不要的社會文化。

身為一個台灣長大的女生，我理所當然擁抱「自律甚嚴」與「不露聲色」的價值觀，小時候所受的教育是「大家閨秀怎麼可以輕易向別人討東西」、「有教養的女生不牙尖嘴利」，並相信只要默默努力、取得好成績，無須多言，自然而然會得到應有的報酬。勤懇含蓄的人生守則當然沒有問題，東方、西方各自擁戴的價值觀也沒有絕對的正確或錯誤，然而當我踏上美國這片自由奔放、齜牙裂嘴、沒大沒小、據理力爭、沒理依舊力爭的土地時，從小到大秉持的原則，開始鬆動了。

依照我一直以來生活在台灣的標準看，說實在，美國的小孩根本沒一個「乖的」。他們永遠是「媽媽說一句，小孩說三句」，整天都在問你為什麼，請你解釋遊戲規則從何而來。為什麼只能看三十分鐘電視？為什麼哥哥負責洗碗，我卻負責掃地？為什麼作業不能用電子郵件繳交？為什麼我做的檸檬汁每杯只能賣一元？

在美國，小孩發出質疑不會被稱為「頂嘴」，只要語氣有禮貌，發出疑問也絕對不會被視為「沒大沒小」。一般來說，美國人希望家中定下的規矩能讓孩子感覺合情合理，因此願意花時間和精神與孩子溝通，保持彈性，凡事均有親子討論的空間，而不是父母神聖不可侵犯、主權至高無上。也就是說，在美國的家庭結構中，父母雖是權威沒錯，但父母與子女之間的階級界線不如亞洲社會來得分明，上對下下達指令的意味也沒那麼明顯。

這種權力與階級之間的狀態，甚至推及整個美國社會的結構。

你感覺得到，手握權力的一方和沒有權力的一方較為平等，社會階級、公司階級之間，權力分配扁平。身為蘋果電腦的員工，當你在公司走廊遇見賈伯斯時，只需輕聲致意說聲「早安，史帝夫」，不需要畢恭畢敬地鞠躬、身體貼牆讓路、電梯大門特意為他敞開。

由此出發，在公司內部質疑上司、試圖改變公司政策，當然也是被接受的。甚至，美國人十分讚頌所謂的「speak up」，大膽發聲，認為進步由發聲開始，唯有能夠勇敢點出缺點、提出改革方案的人，才是真正的領袖人才。相對的，默默安靜堅守崗位者雖是優秀員工，但僅僅只是員工罷了，並不具有管理人才的潛質，也不出色。

在美國，能夠挑戰權威、勇敢提出異議、緊咬自己的目標並努力不懈，才會被視為真正的人才。

「如果他連個玩具都討不了，你別指望他長大可以替自己掙得什麼其他權利！」朋友這麼提醒，要我們給孩子更大的自由度練習捍衛自己，從生活中學習談判的技能。

雖然這番建議和我從小接受的教育大不相同，但我認為極有道理。應該趁小孩還小、可塑性還很高，就讓他們知道遇事可以試著爭取看看，並教導他們正確的爭取方式，諸如怎麼做才是有禮貌又合乎規範的，言語、技巧和力道的強度如何才符合文明世界的潛在倫理。與此同時，更讓他們領略欲追求一個目標，不是只有一種直線做法，想抵達目的地永遠有許多路徑可以繞，要考量的是如何繞得合法、繞得有效率、繞得成功。

給孩子一個策略性學習的機會與空間，比一開始就嚴格禁止，使其止步不前來得更佳。

這種感覺就像我們從小被禁止與異性交往，感情路上走得坑坑巴巴，一到了適婚年齡，長輩卻跳出來不停催婚。這行進節奏似乎有些不太合理啊？少了練習的機會，卻必須馬上拿出亮眼的婚嫁成績單，怎麼想成功機率都太低了嘛。

人生路上，各種各樣的練習是必要的，日常生活皆學問，成長過程中在父母眼皮底下練習更是大佳。如果我們希望孩子出門不被人欺侮，遇事能夠捍衛自己的權益，極力爭取自身應有的報償，走遍全世界都有一夫當關萬夫莫敵的果敢，是否應該鬆動規矩的疆界，提供一些彈性，讓我們的孩子不那麼「乖」？

老美認為，對權威輕聲細語、低頭不敢直視的孩子，長大之後會成為逆來順受、軟土深掘的大人，尤其難以在全球化的商業世界中生存。這個想法並非全然正確，但其中的邏輯確實值得身為亞洲人的我們深思。

身為台灣長大的母親，教育下一代的每一個時刻，我內心都有巨大的掙扎，在深植的亞裔價值觀和美式競爭力之間不停拔河。每天眼睛一張開，都不確定該怎麼做比較好，戰戰兢兢、如履薄冰，時時自問：「到底我應該鬆動母親的權威到什麼程度？」

有些人會說，你要放任孩子倒在地上哭，那是你的事情，我家孩子可不允許這麼沒教養。我想關於教養孩子自律這回事，沒有鋼鐵準則，每位父母心中皆自有一把尺，唯有父母能夠裁決自家孩子幼年的家庭教育，不容他人置喙。給予孩子彈性的結果，確實會讓孩子比較自我中心，但是，長出稍微比較膨脹的自我是強悍靈魂的附加條件，無可避免，除此之外，並不會讓孩子比較不守法、沒禮貌。美國社會的一般大眾是非常守法的，坐車不逃票、不貪小便宜。若要說施行開放式家庭教育會帶來什麼負面影響的話，那大概是孩子會比較有自己的意見、不對父母百依百順吧。

與其探討個人持有價值觀的對或錯、優越或低劣，倒不如想一想自己持有的觀念會帶領我們走向怎樣的人生，沿路會看到何種風景。現在生活周遭的模樣、每日的生活軌跡，我們又是否滿意，或是怎樣可以讓它更好、更圓滿？

接觸西方社會的思維邏輯能讓我們了解他們在想些什麼，為什麼會有這些行為，同時也讓我們反思自身，想想在全球化競爭的時代裡，台灣人的優勢在哪？如何緊緊抓住；弱勢又在哪？能否積極改善。若真想讓台灣的下一代放眼全球，在產業價值鏈中移動，我們是否需要調整腳步、墊高視角，用嶄新的策略養育我們的「乖乖牌」孩子，期待他們長大後踏出國門，拳打腳踢，無所畏懼。

殘酷的美國升學真相

坊間流傳某一神祕傳說，訴說著假如你是個成績中上的學生，只要坐上飛機，登陸美國，就能立即變身為不可世出的「天才」，在校內萬人擁戴，登基為美國國王。這件事情到底是不是真的？

關於這個問題，可以拆解成好幾個部分來看。

首先，任何剛接觸美國文化不久的人，可能真的大有機會被這文化中充斥的讚美薰陶得飄飄然。這輩子第一次被稱讚是「數學奇才」，莫非美國這片土地的空氣和養分真的非常適合我？怎麼感覺這麼帶勁，身上隱藏的櫻木花道因子都甦醒了。

殊不知，此時繚繞在耳朵裡的其實是文化差異，是聽與說的距離。

事實上，美國人不僅長得高大，說起話來同樣豪情萬丈、毫不手軟地放大十倍。「你真是完美」、「你是我夢想中的一切」、「世界上沒有比這更好的地方了」、「這小孩長大以後必定能改變世界」——這些看似浮誇的讚美在美國更像台灣人說「呷飽沒」的概念，是為了表達善意，希望聽者感到舒服，僅僅這樣而已。稱讚「天才！」並不是真的認為你現在就能輟學創造下一個微軟或是發明癌症藥，如果就台灣人的說話方式加以直譯，這些話語背後傳達的涵義更像「你真棒」，表示的依然是好心好意，只是聽者需要自行攜帶翻譯米糕，進行幅度調整。

至於「功課天才」這類讚美的真實準確度，如果討論的是數學程度，對方八成發自真心。

同年紀的美國和台灣學生數學程度差異非常非常大，就美國的標準化測驗而言，申請美國研究所必備的ＧＲＥ數學考試，考題程度大約落在台灣的國中數學。日常生活中，普遍來說，美國人的數學也真的蠻糟糕的，超越一般台灣人對數字處理能力的理解。

舉例來說，有回我們在超市買了一盒杯子蛋糕，結帳時店員得計算我們總共買了幾個，我一看盒子，一邊三個，另一邊四個，轉身對店員說：「共十二個。」她便開始用手指輕點：「一、二、三、四……」數到十二，然後驚訝我為何能夠那麼快算出來。

這種「手指數數法」就代表了美國人的數學力，也讓你不禁問蒼天：「為什麼美國人的數學會差成這樣呢？」因為美國學校的課程內容沒教得那麼艱深，再加上缺乏大量練習，美國學生一般回家不做「數學評量」，沒了熟能生巧，也就真的不太「巧」，簡直糟透了。

以上說的是數學，在數學和相關學科之外，情況則大不相同，因為學習學問的方式不一樣。

台灣傳統上定義為社會科的範圍，通常是老師在臺上講授，學生在臺下做筆記，然後紙本測驗。但在歐美，人文學科的授課方式往往涉及討論，就課堂內容進行批判分析，學生時常需要發表申論型論文和講演，這類課堂模式和我們熟悉的不同，不容易適應，因此當亞裔孩子走進這些課堂裡，便不常感覺自己是天才了，反而會發現這方面還有進步空間。

我們的刻板印象常認為，美國學生都不用拚命念書就可以考上還不錯的大學，尤其奇妙的是，雖然他們書念得少，世界上最負盛名的大學卻都在美國。這件事似乎有點奇怪，其中的邏輯在哪？最耐人尋味的是，美國學生是年紀愈大念愈多、愈拚命、愈高壓，辛苦的頂點會落在進入大學以後，在大學裡頭的學習。

年紀小的時候，相較於亞洲孩子，美國孩子確實擁有快樂的童年。美國人沒有「輸在起跑點」的觀念，在小學階段，小學生的每日行程就是快快樂樂上學、放學後大量玩耍，晚上八點半以前躺上小床，睡好睡滿，健康長大。

上了中學，功課開始比較繁重些，可能有許多研究報告要寫、課外活動要參加，孩子未來感興趣的專業也逐漸浮現，大家在升學路上開始分流。有些較注重小孩課業的家庭此刻會開始比較用力一點，但大體來說和亞洲式升學壓力仍舊有很大一段距離，社會整體氛圍對於國中年紀的孩子還是不太給壓力。畢竟在申請大學的路上，國中階段無論是成績或課外活動紀錄都不納入評比，似乎也沒有認真拚命的必要性。

上了高中以後，情況就大不相同了。

對希望繼續升學的孩子而言，如果你的目標是史丹佛、哈佛等一線大學，拚命努力是基本的，面對來自全世界的競爭，你必須非常努力，傾盡全力，才可能「有機會」被錄取，而且無論投入多少心血永遠都是「沒把握」。這些目標放在雲端的莘莘學子們，每日念書時數絕對不少於同年紀的亞洲學生，一樣從早到晚，眼睛睜開念到眼睛閉上，夙夜匪懈，貫徹始終。

此外，同樣都是用功讀書，由於申請入學的方式和審核標準不同，兩地學生每日耕耘的內容也大相逕庭。

簡單來說，亞洲同學面對的升學制度整體程序單純，大致上就是很多很多的書和很困難的知識，學生必須坐下來沒命地把它們學會，解答能力愈高者愈優秀，能拿走愈多教育資源。對美國學生來說，這種念「書」當然是升學的重要環節之一，把學問放進腦袋裡，將民智打開，在平日校內大小考試和共同的標準化測驗中拿下高分永遠是硬道理，考得差，一切免談。

但是，美國升學的複雜與困難度這才開始呢！

美國升學考試並非大家集體坐下來考一樣的內容那麼單純，而是除了基本的標準化測驗，學生可以就自己的專長、興趣和未來想念的科系，選考部分進階專業科目，例如大學先修課程的數學、科學、語文等，再將這些考科成績放進申請大學的履歷中，表明自己熱衷深度知識，強化競爭力。由此不難想像，如果真要變態起來，考試的範圍和廣度可以無限大，光想像就累死人。

學科考試之外，在美國想上好大學，要做的事情還多著。

首先，如果要增強升學履歷的吸引力，運動是少不了的必備項目。長期從事一項運動，除了身體健康，還代表持之以恆的毅力、團隊合作的能力、統御隊伍的領導力。如果曾獲比賽名次證明自己的優異才能，自是更佳。所以每天在念不完的書、寫不完的報告之外，美國的念書魔人還得抽空固定練球、游泳，每日行程超級充實、超級沒命。

再者，美國人眼中的人才，領導能力是必要的人格特質。頂尖大學尋找的是各領域的孩子王，無論是排球隊長、游泳隊長、實驗室裡的點子王、網路遊戲世界裡永遠的領隊、整天領導學生會反抗校長的學生運動之神等，基本上只要是個「站得出來」的人物，在美國文化中都是人才，遠勝過所謂的追隨者。因此為了念哈佛，你得從一進高中就「不停滋事」，創立點什麼機構，引領些什麼思潮，當個珍古德或瑪拉拉，就為了幾年後該申請哈佛時有東西可以寫。高中生涯之苦，可謂馬不停蹄。

另外，美國文化鼓勵主動，在好學生的審核標準內，「主動、積極的態度」也是重要指標。在專業科目的學習上，要如何證明你是個主動的學生呢？方法有很多種，沒有標準答案，在「每個人自己選課、自己設計課表」的美國高中生涯裡，你要自己展現企劃力，去計畫、去施行。若把「高中生履歷」當成一個產品的話，套用台灣科技業常用詞彙來形容，高中生本人就是研發部門、專案管理部門、製造部門，最後是業務部門，得把最好的自己推銷出去。身兼多職，如履薄冰。

在校門之外也有努力的空間。常見方法是寫信給嚮往科系的教授，求得一個去大學實驗室當奴隸，喔不，是去學習的機會，表示自己願意付出超越一般高中生的心血學習更高階的知識。

除了做研究，更要爭取參加各種競賽的機會，在專業領域獲獎也是進入史丹佛和哈佛的必要條件之一，比賽還分大小和等級，想在大學入學時登峰造極，賽事規模當然是愈大、愈知名、愈具學術影響力愈好。可想而知，隨著參加重大比賽而來的辛苦，也將考驗每個學生的耐力。

種種高中生涯所有的努力，到了申請大學的時候，都將轉化成為一疊備審資料。

這其中的藝術在於，同一個故事可以有一百種說法，但一百種說法裡只有一種最能傳遞你的故事和你對未來人生的想望，所以怎麼把屬於你的故事說好，就是整件事的關鍵所在。

重點能力有兩個：一是寫作能力，二是行銷能力。「自我行銷」是美國升學路和亞洲升學路上差異最大的一點。在美國申請大學的過程就是一場企劃競賽，如何把「自己」這個產品設計好、製造好、維護好，接下來就是如何吸引顧客的注意力，把自己最好地銷售出去，也是最大困難點。

包裝履歷時，我們可以回想一下在超市裡購買雞蛋的經驗。尚未進入超市前，你其實已經能想像貨架上會有什麼類型的雞蛋了，有機雞蛋、牧場雞蛋、放山雞蛋、小農自產雞蛋，高級貴婦添加ＡＢＣＤ營養素雞蛋，也已經未卜先知地明白，雞蛋實體等級區分為Ａ、ＡＡ、ＡＡＡ級。身為裁判，它們的出現你早有心理準備，所以當你看到ＡＡＡ級雞蛋出現在架上時，實在無法驚喜，相對來說，可能「北海道草原之朝」雞蛋更引人注意，既有地方特色，有背景畫面，也有清新感，即便不一定是完美的ＡＡＡ等級那又如何，依舊魅力四射。這就是值得我們亞洲學生多加留意的品牌行銷技巧。

了解這些以後，以後觀賞好萊塢高中校園片時，你便明白，裡面的青少年很可能都不打算申請好大學，哈佛預備生哪有那麼閒！

想上哈佛的高中生可能早上七點整參加泳隊集訓，八點上課，且為了顧全在校成績，上課時不能打瞌睡，要拚命舉手發言、問一些似乎聰明又特別的問題。下課之後，先參加辯論校隊和女性科學家社團，接著趕往大學實驗室刷洗試管和燒杯、當廉價勞工。回家後隨便吃點晚餐，馬上就是讀書、寫作業、發 Email 參加小組討論、準備作品集。到了周末也不得閒，得去醫院當義工、整理病歷，結束後再參加校隊練習，日復一日，血汗工廠。

由上述可知，在美國如果想上好大學，雖然和亞洲學生的辛苦不大一樣，背後確實也是血淚斑斑、淚痕也斑斑，非常困難的。下次在路上看到穿著美國大學T恤的校友，羨慕忌妒恨的同時，不妨注意對方深刻的魚尾紋和眼睛深處那滴淡淡、悠遠的淚水，那麼你就明白，這人是苦過來的沒錯啊。

大學學費誰來付

吾友金氏夫妻最近吵了一場不大不小的架，當下煙硝味並不濃厚，但是後勁十足，橫在夫妻之間許久無法散去。

吵架的原因是他們的大女兒今年即將從芝加哥名校西北大學畢業，成績優異，順利申請上人人稱羨的醫學系*，同年秋天即將入學。身為父母，孩子多年辛苦終於有了結果，當然打心底替孩子開心，但開心同時，很現實地，眼前馬上必須面對醫學系高昂的學費。

*註：美國醫學系皆為學士後醫學系，必須憑藉優異大學畢業成績和相關履歷，向各校醫學院提出申請，申請上之後方能就讀。

金先生的職業是科技公司專業經理人，金太太是西北大學教授，兩人合體掙的絕對是中產階級以上、很不錯的收入。他們的兩個孩子都非常優秀，大學念的都是西北大學，這表示金氏夫妻已經負擔了兩份四年制大學學費，每人每年約五萬美金左右，總金額超過四十萬美金。因此在這個女兒即將前往醫學系深造的關鍵時刻，夫妻兩人坐在家裡，討論誰該支付這又一份的龐大學費？

爸爸首先認為，負責孩子的學費到大學畢業已經仁至義盡，堪稱負責到底了，身為韓裔美國人，退休以後不可能向孩子們伸手拿生活費，必須靠自己，所以理應即刻開始為退休生活打算，好好儲蓄。爸爸同時也覺得，自己已經辛苦了一輩子，該是犒賞自己的時候了，在所有儲蓄計畫開始實施以前，他想先幫自己買一部保時捷跑車，慶祝人生有成。

媽媽聽了覺得不可思議，怎麼可能把錢拽在自己兜裡，讓女兒一畢業就背負十幾、二十萬的就學貸款，困苦度日？退休生活尚未來到，未來還能慢慢計畫，目前最重要的就是幫助孩子，讓孩子在無後顧之憂的狀態下專心向學，為人母親才能在夜晚安心入睡。什麼保時捷？想也別想！

夫妻兩人僵持不下，來找我們訴苦。我一聽立馬舉雙手投了保時捷一票。人生到了五十歲，要帥趁現在，買一輛拉風的車，出門買菜比拍韓劇還帥，就這麼做！

玩笑話說完，我也明白他們的苦惱。發生在金氏一家的不僅僅是學費之爭，而是美國文化與亞洲思想之爭，是我們生活之地與我們靈魂之根之爭，是我們白天之思碰撞我們夜裡所夢，是身為移民第一代的我們，永無止境的矛盾。

再怎麼說，我們還是亞洲人啊，保時捷很帥沒錯，但是一人帥全家帥可不在我們的家訓裡。亞洲人的血緣是一個堅實的圓，把家人的人生緊緊圈在一起，永遠相依。父母為了給子女更美好的前程，日夜工作有之，低聲下氣有之，在無盡辛勞的長夜之中，孩子可能擁有的未來就是我們的明燈，遙望著那盞光亮，為人父母者就有方向。這是亞洲式的親情之愛，星星之火，足以燎原。當愛沒有盡頭，犧牲也就沒有盡頭，怎麼可能會有保時捷的容身之處？

比起亞洲家庭的命運交織、父母付出無極限，美式家庭更像彼此人生相伴的伴侶，相互呵護，但父母燃燒的熱度相對低一些。

一般刻板印象「美國人一過十八歲就靠自己」，時間一到父母就可以揮揮衣袖、打完收工，並不完全是事實。很多美國人和我們一樣寵孩子，捨不得孩子吃苦，在孩子的人生即將展開之際，多多少少還是會伸出援手。

以上大學這件事情來說，美國小孩的大學文憑雖然不是爸媽的成績單，但不代表美國人不在乎，一般人還是很希望孩子能念一所好大學。再加上美國人上大學的比率只有三成，屬於社會中的少數，因此「上大學」還保有傳統時代的光榮。無奈美國大學學費年年調漲，帶給剛出家門的小孩極大壓力，所以在能力可及的範圍內，大部分父母還是願意幫點忙。

那麼以「付學費上大學」來說，台美文化差異在哪裡呢？

首先，在美國念大學不像念小學，是天經地義、幾乎每個人都會做的事。在美國人的觀念裡，「技能」和「學位」之間畫的並非等號，如果具備了社會生存所需技能，大學文憑不見得百分之百需要。

人一旦面對有選擇性、也可以不做的事，便會停下來思考一下它的可行性、重要性，甚至必要性。教育也是商品，且其極昂貴，如果沒有實質需要，為什麼一定要買呢？明明沒上大學人生也不會全毀呀。

在腳踏實地的考量下，很多人努力用更經濟實惠的渠道提升技能，增進職場戰鬥力，一旦順利存活下來，便再也不強求學位的存在，不傳承「文憑是不可或缺的一切」的觀念給下一代，甚至認為過多文憑和華而不實的教育成就會影響一個人在工作上運籌帷幄的能力，並非毫無缺點。

多了這一張「媽媽也可以不送你上大學」濾網，比起台灣大學生，美國大學生的皮繃得緊多了！台灣大學隨處可見「沒日沒夜打電動」的大學生，在美國並不多見，畢竟是精算過後、思考過後才決定接受高等教育，沒道理一年付五萬美金去宿舍打電動吧。繳納天價學費的同時，也喚起了大學生沉睡已久的鬥志。

第二個巨大差異是，在美國，大學學費是孩子自己的責任。學費是計畫大學生活的一個環節，孩子需要主動挺身而出，思考錢從哪裡來，不是坐等爸媽把錢準備好。遙想當年我上大學時，壓根沒想過任何關於學費的事，潛意識就覺得父母會幫我處理，不需要擔心，但我明明就是個成年人了，難道不需要擔起責任嗎？社會慣例的潛移默化讓我任性享受了「有權利、沒義務」的滋味。

研究報導顯示，美國孩子繳的學費有三十四％來自父母存款，十三％來自學生自己的存款。告訴我們美國孩子為了上大學，在高中以前就會意識到需要努力存錢、學費不會從天上掉下來，他們的腦袋裡存有「依賴父母錢包」以外的想法。光是這一點就讓我覺得需要退一步思考自己的教養方針，因為我也希望有朝一日，待我的孩子上大學之際，他們的小豬撲滿裡面也能自主存有大學基金。

美國大學學費實在太昂貴了，每年五萬美元的學費並非每個家庭都能輕鬆負擔，報導指出，約有二十四%大學學費以貸款方式支付，其中十%是父母去貸款，十四%是學生自己去貸款。更有大約三分之一學費是以孩子自己掙來的獎助學金支付的，比例遠遠高於亞洲，可以感覺到美國孩子在申請獎學金上下了不小功夫。無論是存款或借貸，總的來說，美國父母幫孩子負擔了不到一半、約四十四%的大學學費，也就是說，有一半學費是孩子自己想辦法的。

比起亞洲父母，美國父母扛在身上的擔子確實小很多。所以美國父母是比較不好的父母嗎？要攬多少重量在自己身上才是好爸媽？誰說了算呢？

的確，如何支付大學學費會改變孩子很大一部分的人生，決定孩子一大段人生將怎麼過，可以從專心念書、放長假時好好休息、好好玩，變成半工半讀、假期得工作、剛畢業時必須窩在某個便宜公寓裡度過很長一段日子，差異的確很大。但我必須強調，這個決定會帶來的是改變，不是摧毀，承擔責任不是地獄，難不成天下所有爸媽都生活在地獄之中嗎？

有時候我想，亞洲父母如我們都過分著重於孩子的負擔，而無視為人父母的承擔了。經過大段人生辛苦養育子女，到了孩子上大學時，如果將這份責任歸還給孩子，其實父母自己的人生可以很精彩。

我先生有許多同事在孩子上大學離巢後，家裡沒了累人雜事，手中儲蓄又給人安全感，工作上往往隨心所欲、依照喜好發展所長，不為五斗米折腰。基礎工作外，沒了龐大經濟負擔，他們愛怎麼斜槓就怎麼斜槓，做樂手、當作家，有空就出國旅遊，快樂就好。人生的自我珍惜就此展開，並在發展自我的同時，把自己的收穫和經驗反饋給孩子，共同成長。

各退一步，彼此成就。將部分責任歸還給孩子的同時，拓展父母餘生更多的可能性，從此可以更加專注在自己的安居樂業上，去運動、去旅行，把資源運用在身體健康、心靈富足上，年紀大了以後更能保有自己的尊嚴，不向子女伸手。這樣，我覺得也很好。

家人之間深刻的愛讓彼此在人生道路上能攜手前進，與其犧牲某一方去幫助另一方，美式家庭文化中推崇的相互成就是讓大家都可以發展生活，不過度勉強。同為父母的我，在單方面無止境燃燒自己的同時，也不禁停下腳步思考母職之於人生的意義，提醒了我父母的人生同等重要，愛孩子也別忘了愛自己。

美國人總說：「父母可以把自己放在第一位。」沒必要一定得當浴火鳳凰，從大學學費變身而來的保時捷，當然可以光明正大停在家門口，當鄰居靠過來的時候，脊椎挺直、腰板打正，大聲地說：「我的保時捷很帥！我的人生很美好！」

講到留學美國這件事……

每一年台灣都有許多家長前仆後繼送孩子來美國念書，最基本的想法是花一筆學費，給孩子買一個人生的機會。

美國學費高昂，擁有這份「選擇權」象徵了家庭經濟條件不錯。很多父母認為，單單能夠送孩子出國念書，就已經是件值得驕傲的事，自己努力工作賺錢數十春秋，換得孩子的受教機會，過往一切辛苦也統統值得了。天下父母心，反映在花大錢送孩子留學上。

對諸多莘莘學子來說，同樣將申請上一所美國菁英學院、走一趟常春藤盟校，當作人生夢想，並成為在台灣焚膏繼晷的動力，期待有一天能夠光宗耀祖，成為所謂的「上流階級」。

事實是，美國留學之路道阻且長，而且每一步都要花大錢，一切究竟值不值得，成了許多人共同的疑問。美國留學的魅力在哪裡？到底為什麼要花大錢去美國念書呢？

「美國留學」這件事的重點在於「念書」本身，美國的學校，尤以高等教育學府而言，百花齊放，種類多元。

如果你的志願是創造一個 Google，改變全人類搜尋肉圓和麻糬的方法，那你可以念史丹佛，滿校園各種聰明得不得了的怪胎和你相互碰撞，激盪到讓你想哭，肯定能夠創造下一波新科技的前鋒。

如果你的志願是選總統、當大法官，或是當日本雅子妃第二，聰明與美麗兼具，迷倒皇太子、拍個日劇真人版，那哈佛大學就是不二選擇。哈佛是知識和野心的共同殿堂，進入殿堂，體驗什麼叫做「被電翻」的感覺，倘若能活著出來，浴火鳳凰，便得不敗智慧與不凡氣質。

又或者你想決戰時裝伸展臺，加入「Project Runway」，成為時尚界的一員，美國有紐約這地方供你發光發熱，也有舉世聞名的帕森設計學院教你時尚產業的知識，幫你暖身、做好迎戰準備。也有加州藝術學院可以學習動畫產業的技能，在迪士尼搖籃鍛鍊技藝，幾經琢磨之後，天馬行空之餘，也懂得了如何將想像落實成為電影題材。

以上提及的學校僅是千百家學府中的一點點，美國這個大地方提供了許多求學的選擇，如果明白自己興趣之所在，肯定能夠在美國找到吻合興趣方向的學校。多元的選擇，是很多人選擇留美的主因之一。

此外，美國排名好一些的大學，教學資源豐富，教授拿過諾貝爾獎也是常事，這些金牌教授們往往親切可人地告訴學生：「如果有問題，隨時歡迎來敲我的門！」說是這樣說，為了有去敲諾貝爾獎教授房門的勇氣，學生在宿舍裡必先苦讀七七四十九個小時吧。頂級的教授，加上優秀的學生，好的美國大學真切實踐了教學相長的道理。如果你想率先接觸最新穎的科技和創意的思維，並有志於將所學快速投入商業市場，美國大學就是不二之選。

美國教育環境中蘊含的實用主義同樣值得讚賞。

有位朋友的孩子熱衷蓋房子和建築設計，他在奧勒岡州念公立高中時，加入了校內開設的營建課程，在建築專業老師的帶領之下，這些年僅高中的孩子和大學建築系的學長姊合作，學長姊設計房屋，高中生組成營建隊伍，用自己的雙手，在一塊真實的土地上，蓋出了一棟棟真正可以住人的房子。更驚人的是，不僅真能入住，到了第三次案件，孩子們的技巧已然純熟，完美完成，於夏天房地產交易季順利賣出，全校歡騰，父母驕傲。這些高中生年紀雖小、生澀猶在，儼然已是建築營造行業的堅實成員。在我看來，這才是教育真正該有的樣貌。而經過高中三年的精實訓練，朋友的孩子也順利申請上奧勒岡州立大學土木營造學系，符合他本人的志向，未來不可限量，我們都為他感到驕傲。

或許有人會說，又不是哈佛、史丹佛，有什麼好大驚小怪的？的確，州立大學在一般台灣父母眼裡確實不是耶魯，申請入學時也不需要拿出滿分的托福和SAT成績就可能被錄取，但我認為，正因不是一線名校，更值得探討。難道優質的教學資源只能讓最擅長考試的孩子掌握嗎？

如果有位有心向學的孩子，比如那位朋友的孩子，他沒有建中資優班的應試能力，可能國文不在行、地球科學也不行，考試成績沒辦法完美，但錄取州立大學後照樣能夠接受良好的教育，房子愛蓋幾棟就蓋幾棟，在自己擅長的專業領域發光發熱。這樣不是很好嗎？

說穿了，專業科目如營建能力的學習，和國文、地球科學、地理、歷史、公民科的關聯性都不大，縱使那些科目都學得不怎麼好，其實也不影響營建專業吧。像這種目的和方向明確，但非通才的孩子，美國的學習環境或許更適合他們。畢竟如果能忽略不擅長的領域，專心致志於自己有興趣的專業，學習能用於職場的知識，想必能夠學有所成，面對職場競爭也不害怕。我想這就是美國實用主義下教育環境的長處。

再來聊聊實用主義背後的升學規則。

台灣承襲自古以來的考試制度，最重視考試之前人人平等，為達到目的，防止有心人不誠實，制度設計上盡可能抹去個人背景、生活環境、個人特色等，希望純粹以學生對學科的理解程度來衡量學業成就，決定排序並分配資源。我們還有明確的階梯體制，孩子的學習生涯就像打怪，一階一階努力打上去，一步一腳印努力求學，這樣的制度也能有效防止權貴子女「插隊」，利用關係不當獲取教育資源。

若以這個出發點來看，我們的考試制度大體是當下最符合需求的選擇，合乎我們的文化和歷史背景，也順應民情。無奈人世間就是一好沒兩好，為求極度「公平」，便得失去一些「彈性」，畢竟所謂的「彈性」也是偷雞摸狗的來源，身為台灣人的我們都能想像。

問題是，一個制度再怎麼好，它也無法適合每一個人。

今天假如有個迷你周杰倫想透過考試制度錄取全台灣排名第一的音樂系，即便他有著一等一的音樂才華，也不見得考得上。又例如吳寶春經營事業到了一個地步，覺得自己需要增進商業知識以擴張麵包帝國，卻沒辦法申請進入政大EMBA，只因他沒有所需的前置學位，資格不符，也就沒所謂「是否優秀到足以進入政大」的問題，從頭念起，下次請早。台灣的升學制度已經堅實築死了，無法為吳寶春先生開特例。倘若這次開了特例，不就代表以後方方面面都可以有「特例」，不符合台灣一般民眾對大學遴選制度的期待，這情況背後的邏輯並不難理解。

於是，像吳寶春這樣的人，走出台灣尋找教育資源再合理不過，新加坡是個好選擇，美國也會是。

美國的升學制度，單就「公平」這點來說，和台灣比肯定是不公平，但是美國的制度有彈性，也很接受學生身上那些「無法量化」、「考試考不出來」的資賦。在申請學校的過程中，和台灣的「匿名感」徹底相反，如果能把自己一生經歷、興趣所在、未來展望，徹徹底底傳遞給校方，傳達自己那些「紙本考試不能說」的過人之處，就有機會被錄取。

在美國，各種天賦皆得承認，各種才華都有舞臺。愛因斯坦不需要國文滿級分，花式滑冰天后關穎珊退役後念大學也無須補上地理課，美國的體制接受種種原因背後的「不完美」，或者是說「只在特定領域中完美」，並給予這些潛力一個茁壯的機會。這也是許多家庭長途跋涉來美國的原因之一。

另外，美國的教育和就業緊緊相連。

我小時候最常聽親戚長輩說：「讀文學以後喝西北風。」在這件事情上，美國因為地方大，足以養育多元產業，除了基礎的士農工商，還有許多新興產業，提供了許多台灣沒有的就業選擇，讓大家有機會少喝一點「西北風」。

而很多時候，這些選擇和學校教育密不可分。

具體舉例，在台灣假如你念動畫藝術，阿姨們馬上會奉上「西北風」的概念，但在美國，念動畫相關領域的人有機會參與《玩具總動員》的製作、可以去好萊塢工作，令眾家阿姨無話可說；念戲劇系的人有機會演出《雷神索爾》，讓阿姨臉紅心跳，更別說什麼喝西北風，肚子餓了儘管來給阿姨照顧；念攝影的人可以去國家地理頻道；念地質的人可以去高薪石油公司上班；念運動管理的人可以去NBA發展；念音樂的人可以寫百老匯音樂劇……各行各業專業的種類多元，職場的發展也多元，讓很多特殊的人才都有發揮的地方。因此許多學子即便含莘茹苦，仍然願意踏入美國這個陌生境地，以求職涯發展的機會。由這觀點來看，美國確實是機會之地，一點也沒錯。

最後，有很多人生課題的學習，雖非美國僅有，卻是留學可以給你的。

人一旦離開了自己熟悉的地方，開始感覺無所措其手足，就能學習到居安思危、瞻前顧後，是為學習獨立的開端。浸濡在絕然不同的文化之中，能帶你體察不同地方人們動作背後的涵義、舉手投足之下的原因，因為理解，所以處處得體、事事聰明，也正是台灣人時時追求的所謂「國際觀」。

當然，出國留學，學習獨立是有的，增廣見聞也是有的，自然而然學習生活化的英語也是有的，雖然不見得一定擁有母語等級的結果，但流暢地用英語在人世間行走肯定沒問題。英語力也是很多台灣家長送孩子出國的動機之一。

綜合以上，怎麼樣的人最適合花大錢留學美國呢？

第一是超級念書之神，可能已經念遍台灣所有的書了，下一步急欲挑戰諾貝爾獎，那麼去美國念書就是個不錯的選擇，其中李遠哲先生就是個好例子。第二是像周杰倫那樣的人，可能不擅長聯考，但是如果把聯考的科目改成音樂，馬上就能破繭而出、振翅高飛，美國提供的自由體制能幫助這類孩子繞開考試的桎梏。第三是興趣明確，非常知道自己以後要學什麼的人，美國體制也很適合你，有機會提早一步拋開其他雜學，進入專業領域。最後是還不明白方向、但非常願意探索自己的人，美國包容的體制能夠提供比較多元的面向、多種的學科，讓你每種都嘗試看看。

我個人是花大錢來美國留學的見證人之一，遙想當年，大學同學也曾問我為什麼要立定這麼花錢、未來報酬如此混沌不明的志向。事隔多年的今天，我仍然覺得這是我人生中做過最好的決定之一，除了一張好文憑，這一路上不管是念書學習、待人接物、國際思維，皆獲益良多。如果你的生活條件允許，我覺得，真的可以來美國試試看！

尾聲

「美國美國，下雨不愁，人家有傘，我有美國。」

在台灣許多人心中，美國無論如何都是一個「更好」的地方，天空更藍，草地更綠。難道是因為知道他們有巨大的航空母艦嗎？美國人的笑容總是又寬又大、無邊無際，讓人嚮往。

同樣一個中文不太好的外國人，講的中文倘若帶著來自美國的腔調，那肯定比來自東南亞、東北亞的外國人「高級」得多。這個有美國腔的人，一定有一對漂亮的父母、出入那種有前菜也有甜點的餐廳、不用擔心生活開支，彷彿再靠近些就會聞到他身上無憂無慮的富饒氣息。「美國印象」就是——美國既不打雷也不下雨，天下太平。

美國真的那麼棒嗎？美國優越感的養成有道理嗎？

這種感覺就像在歌唱比賽遇見台東人，人家還沒開口呢，我們便已倒退了三步，明明心底深知並非所有台東人唱起歌來都像阿妹，也可能像台東縣長呀！既然這樣，為什麼我們老在心中預先築起高高的心牆，讓自己橫越不過去呢？

世界上唯一橫越不了的牆，就是那座不存在的高牆。事實上，美國這個地方，肯定是既打雷也下雨，家門打開，門外開車跑來跑去的也都是些尋常人家的普通百姓，每天早上照樣掙扎多睡十分鐘，猶豫不決早餐該吃什麼好。家裡的小嬰兒哭聲響起時，美國老婆一樣用她的美國長腿踢她的美國老公，兩人相互推諉這份隨傳隨到的美國責任。

看似亮麗的美國人過的也就是一般小日子，美國社會同樣有它難以解決的問題和無法抹滅的傷痛，擺脫不了的槍枝和毒品，永遠無解的種族糾葛，科技發展之下造成的嚴重貧富不均。美國不是烏托邦，也不是富裕人士的專屬天堂，它和世界上所有其他土地都一樣，有歡笑有淚水，有地雷餐廳和笨蛋總統，所有該糟的，一樣也不少。

但願書中這些簡單的美國故事能夠破解這份美國迷思，為生活帶來多一點顏色，用美國無聊滋潤你的無聊，用美式艱難化解你的一部分心頭重擔，明白原來綠卡持有者的人生不過爾爾，亦是有歡笑有鼻水，和 HappyGo 卡持有者一樣，周年慶時無法把持，該繳卡費時同樣倉皇失措。

這本小書想傳遞的不是誰的生活哲學比較有道理，或是西方邏輯比較保平安，而是希望藉由大大小小的故事說明，這些定居在地球彼端的人們，即便日子裡各種荒唐、各種不可思議，仍舊好端端的生活在人世間，世界的運轉原來並沒有那麼僵硬的準則，美好人生的標準不是單一的，抵達目的地的路徑有許多許多的可能性，所以或許，我們目前在各自人生軌道中所面臨的困難處境，同樣能有框框以外的解答也不一定。

另外，幸福的生活並不僅僅發生在遙遠的美國，幸福富足的心情可以來自於老美附身般樂觀積極的生活態度。天天說笑話，時時放輕鬆，該迎戰的時候迎戰，該討債的時候，鍋鏟拿起來就出門，並在所有應該向全世界宣告「愛自己，我最棒」的時刻，勇敢上前，毫不退縮。

是的，我們也可以用自戀自信的美國精神、勇敢果斷的美國態度、不知道哪來的美國時間，在台北東區二一六巷拓荒，在新竹科學園區拓荒，在羅東夜市裡拓荒，在一座又一座辦公大樓裡拓荒，在眾多辛勤不眠的夜裡拓荒。美國隊長，台灣扎根。讓略顯粗暴直白的美國文化陪伴自己度過需要大量勇氣的時光，讓所有眼中的不完美，透過美國濾鏡，自此以後，全然完美無瑕。

感謝大家聽我說故事。祝福各位，闔上書後，鵬程萬里。

ACROSS 050

人家有傘，我有美國：鬆鬆的台裔小家庭旅美田野調查報告

作　　者—Michelle Lin
主　　編—邱憶伶
責任編輯—陳詠瑜
行銷企畫—陳毓雯
封面插畫—葉盈孜
封面設計—李莉君
內頁設計—張靜怡

董 事 長—趙政岷
出 版 者—時報文化出版企業股份有限公司
一〇八〇一九臺北市和平西路三段二四〇號三樓
發行專線—（〇二）二三〇六—六八四二
讀者服務專線—〇八〇〇—二三一—七〇五
（〇二）二三〇四—七一〇三
讀者服務傳真—（〇二）二三〇四—六八五八
郵撥—一九三四四七二四時報文化出版公司
信箱—一〇八九九臺北華江橋郵局第九九號信箱

時報悅讀網—http://www.readingtimes.com.tw
電子郵件信箱—newstudy@readingtimes.com.tw
時報出版愛讀者粉絲團—https://www.facebook.com/readingtimes.2
法律顧問—理律法律事務所　陳長文律師、李念祖律師
印　　刷—勁達印刷有限公司
初版一刷—二〇二〇年三月六日
初版六刷—二〇二二年九月二十一日
定　　價—新臺幣三三〇元

人家有傘，我有美國：鬆鬆的台裔小家庭旅美田野調查報告／Michelle Lin 著. -- 初版. -- 臺北市：時報文化, 2020.03
272 面；14.8×21 公分. --（Across 系列；50）
ISBN 978-957-13-8099-5（平裝）

1. 文化　2. 社會生活　3. 美國

535.752　　109001366

ISBN 978-957-13-8099-5
Printed in Taiwan